자욱마다 새겨진 꽃잎들

/ 차선옥 문집

작가의 말

이토록 행복한 순간

자신이 없던 일을 성취할 때의 기쁨은 아침 햇살만큼 산뜻하고 눈이 부십니다. 평소에 '문학과는 인연이 없다.' 라는 생각을 하였으나 우연한 기회에 문학 강좌를 다니면서 한 해 두 해 탑을 쌓기 시작하여 5년이란 세월이 흘렀습니다.

예순이 넘은 나이에 재미있게 글을 쓸 수 있다는 건, 축복이고 한없는 자랑입니다. 두서너 살 아이가 첫 숟가락질을 하게 되고, 한 땀 두 땀 박음질로 저고리가 만들어집니다. 이렇게 걸음마로 시작하여 글이 된다는 게 신기할 따름입니다.

가슴 설렘과 조약돌 같은 추억 때문에 글을 쓰기 시작하였습니다. 그동안 배운 글들을 모아 조그마한 문집을 만들었습니다. 저의 부족함을 무릅쓰고 세상에 알린다는 것이 두렵기까지 합니다. 설익은 저를 채찍질해 주시고 이끌어 주십시오.

그동안 지도해 주시고 서평을 써 주신 하길남 교수께 감사드리며 저를 위해 도와주신 여러분께도 진심으로 감사의 인사를 드립니다.

2013년 가을

차 선 옥

차례

제1장
그리운 고향 양촌 / 수필

제2장
아이들에게 / 동화

제3장
길을 나서다 / 기행문

제4장
일상의 발견 / 편지글 · 일기

산문평

제5장
삶을 노래하다 / 시

시평

제1장
그리운 고향 양촌

수필

숫자 7이야기

사람마다 자신이 좋아하는 숫자가 있다. 무의식중에 숫자의 의미를 부여하여 자기만의 탤리즈먼화시키기도 한다. 자기 생일이나 전화번호 혹은 차번호 등에 상징의 뜻을 붙이기도 하고 애인끼리 함께 만날 날을 기념하여 비밀번호를 암호처럼 사용하기도 한다.

한국 사람은 숫자 3을 좋아한다. 옛부터 천天, 지地, 인人의 삼재三才 또는 '삼위일체三位一體' '삼세판' 이란 말이 있다. 내기를 하거나 어떤 승부를 겨루는 데도 3회에 결판을 내고 무슨 일을 결정짓는 데도 '삼세번' 이다. 만세도 한번 또는 두 번도 모자라 삼창이어야 하고 가위바위보를 해도 언제나 세 번 반복해서 승패를 결정한다. 3이란 숫자는 활동적이고 복을 누리는 길吉수이고 완성의 숫자라고 한다.

그에 반해 숫자 4는 재난이 발생하고 좋지 않는 숫자라고 한다. 나도 항시 죽을 사死가 연상되기 때문에 4를 싫어한다.

얼마 전에 딸이 집을 샀는데 102동 404호를 사게 되었다. 딸과 사위는 괜찮다고 하였으나 나는 딸네가 살 집이지만 어쩐지 마음에 안 들어 심히 불편하였다. 몇 개월 후에 남향 집이고 넓은 평수인 104동 1003호로 이사를 하게 되었는데 앓던 이가 빠진 기분이고 '천만다행이구나' 싶었다. 우리가 살아온 풍습, 관습, 습관, 고정관념은 어쩔 수가 없다는 것을 절실히 느꼈다.

유태인은 7이란 숫자를 매우 좋아한다. 일주일 중에서 7일째는 안식일이고 7년째 되는 해는 밭을 갈지 않고 묵혀 두게 한다. 그리고 7×7= 49년째 되는 해는 남에게 빌린 돈을 갚아야 할 의무가 소멸된다고 한다.

7이라는 숫자는 독립심이 강하고 권위와 위엄을 갖춘 추진력과 박력이 있기 때문에 많은 사람들에게 인기가 있는 숫자라고 한다. 하느님이 6일 동안 세상을 창조하시고 7일째는 안식을 취했다고 하여 서양 사람들은 행운의 숫자인 럭키 세븐 7을 귀하게 여기고 무척 좋아한다.

또 음력 7월은 가을의 시작이자 늦더위가 남아 있는 시기이다. 가을의 시작인 음력 7월의 세시풍속으로 칠석과 백중이 있고 24절기 중에 입추立秋와 처서가 들어 있다. 입추는 수확을 알리고, 처서는 농작활동에서 수확에 들어가기 시작하고 절기상 더위가 그치는 때이다.

7월 7일은 칠석이라 하여 하늘의 견우성과 직녀성이 만난다는 이야기가 전한다. 음력 7월 보름날을 백중이라 한다. 백중의 어원은 백 가지 과일을 차리고 불교의 우란분재盂蘭盆齋를 지내는 일이다. 또는 백 가지 씨앗을 갖추었기 때문이라고도 한다. 백중놀이는 경남 밀양이 유명하다. 농신대를 세우고 제사지내기, 작두말 타기, 양반춤, 병신춤, 범부춤, 오북춤 등을 춘다.

그리고 7월은 청포도가 익어가는 계절이다.

청포도는 영롱한 옥구슬처럼 동글동글한 모양이 한없이 사랑스럽다. 한알 두알 모여서 탐스러운 송이가 되고, 송이송이 달려 있는 포도밭의 장관도 상상해본다. 이육사의 시 〈청포도〉가 생각난다.

내 고장 칠월은
청포도가 익어 가는 시절

이 마을 전설이 주저리주저리 열리고
먼 데 하늘이 꿈꾸며 알알이 들어와 박혀

하늘 밑 푸른 바다가 가슴을 열고
흰 돛단배가 곱게 밀려서 오면

내가 바라는 손님은 고달픈 몸으로
청포를 입고 찾아온다고 했으니

내 그를 맞아 이 포도를 따 먹으면
두 손을 함뿍 적셔도 좋으련

아이야 우리 식탁엔 은쟁반에
하이얀 모시 수건을 마련해두렴

풍요롭고 평화로운 삶에 대한 소망을 노래한 시다. 당시 이육사 시인이 일제치하에서 얼마나 조국에 대한 안녕을 갈

망했는지 알 수 있는 작품이다. 은쟁반과 모시 수건이라는 사물로 미래를 향한 소망을 구체화했는지 알 수 있다.

힘들었던 현실에도 긍정적이고 밝은 정신을 가지고 시를 썼다는 것이 그저 놀라울 따름이다. 우리도 고뇌와 고통 속에서도 희망을 잃지 말고 살아야겠다.

또 7월이 되면 돌아가신 아버지 생각이 무척 난다. 7월의 편지를 띄워본다.

아버지께 글을 올립니다.

아버지, 오랜만에 필을 듭니다. 그동안 편안히 잘 계셨는지요? 떠나신 지 어언 30년, 아버지가 무척 보고 싶습니다.

올해는 다른 해보다 봄이 빨리 지나가는 것 같습니다. 초여름의 햇살이 제법 따끈따끈하여 땀이 등줄기를 타고 내립니다. 이때쯤이면 더욱 아버지 생각이 절실합니다. 아버지의 기일도 얼마 남지 않았습니다.

아버지의 존영을 보며, 지나간 세월의 모습 속에서 따뜻한 사랑의 손길이 느껴집니다.

아버지께서는 언제나 용모가 단정하시고 수려하셨습니다. 어렵고 옹색한 살림살이 힘이 들 때면 소주 한 잔 기분 좋게 드시고, '두만강 푸른 물에 노 젓는 뱃사공….' 온갖 회포를 푸시던 아버지가 그립습니다.

위엄 감추시고 다정다감했던 친구 같은 아버지, 딸들 꼬옥 껴안으시고 체온으로 천륜으로 저희들을 사랑하지 않으셨습니까?

살아생전 공직생활 무척 고달팠지요? 쥐꼬리만 한 월급으로 동생들 공부도 시켜야 되고, 전셋집 마련이 어려워 애태우시던 생각이 납니다. 큰딸 발령받고 받은 5,720원 월급을 보태어 모은 돈 20,000원으로 전셋집 마련한 생각이 아슴하게 떠오릅니다.

아버지, 4남매 중 큰딸을 좋아하셨지요. 저도 아버지의 사랑을 많이 받았습니다. 그렇게도 건강하시던 아버지가 어느 날 "소화가 안 된다"라고 하시더니 몸져누우셨습니다.

"선옥아, 너 전축 산다더니 이제 노랫소리도 못 듣겠네…."

쓸쓸하고 그늘이 드리운 맥없는 말씀이었습니다.

아버지는 평소 노래도 잘하시고 구수한 가요를 좋아하셨습니다. 좀 더 일찍 전축을 사서 즐거운 노래를 선물 못한 게 가슴에 맺혀 있습니다. 그리고 아버지의 뒷모습은 항상 어깨가 처져 있었습니다. 승진이 꿈이었지만, 정년퇴직을 청빈으로 마감하셨습니다. 평소 정직하시고 남을 위해 봉사

하며 사시다 먼 곳으로 가셨습니다.

교대 합격증서 보시고 평소 보다 크게 들리던 아버지의 한숨 소리, "너의 합격은 기쁘지만 공부시킬 생각을 하니 걱정이 된다."라는 말씀에 마음이 무척 서운했습니다. 그러나 시간이 흐른 오늘 나는 이 마음이 너무 후회스럽습니다. 서러움에 원망했던 불효여식 용서를 빕니다.

아버지, 그 얼마나 고통스러웠습니까? 사랑하는 가족을 두고 가시는 길이 얼마나 힘이 드셨습니까? 환갑도 채 넘기지 못하고 가셨으니 더더욱 애통하기 짝이 없습니다.

아버지를 떠나보내기 너무나 아쉬워 우리 사 남매는 눈물을 삭이고 또 삼켜야 했습니다. 위암 말기, 피골이 상접하고 푹 패인 눈이 껌벅껌벅 초점을 잃은 채 입을 꾹 다물고 계셨습니다. 하실 이야기가 많으셨을 텐데… 모든 걸 체념하시고, 7월 녹음이 짙은 더운 여름에 조용히 운명을 하셨습니다.

아버지! 저희들이 궁금하고, 보고 싶으시죠?

아버지 어머니의 후덕으로 동생들, 조카들도 건강하게 잘 지내고 있습니다. 요즘 큰딸 선옥이는 '나도 작가다' 글쓰기 습작을 하고 있습니다. 노리老羸에 온갖 사물과 생각을 글로 표현하는 큰딸이 되겠습니다.

몹쓸 병 고통 참으며 눈물 흘리시던 아버지, 가슴 찢는 통곡은 사랑의 통곡, 연민의 소리입니다.

내내 평안하소서….

2012년 7월 1일(월) 초여름

딸 선옥 드림

주은이와 나의 꿈

나에게는 지금 생각만 해도 가슴이 뛰고 자랑스러운 추억이 있다. 그런 추억이 있어 나는 오늘도 나이를 잊고 내일을 향한 꿈을 꾸며 살고 있다.

1965년 22세의 나이에 청운의 꿈을 안고 고향인 합천 청덕초등학교에 발령을 받아 교사생활을 시작하였다. 그 이듬해 해인사 길목에 있는 야로초등학교를 거쳐 부모가 사시는 마산 가까이 온다는 것이 창원군 동면 신방초등학교에 근무하게 되었다. 규모가 작은 농촌 학교였다.

부임한 이듬해에 맡은 일 학년 아이들과의 생활이 지금도 눈에 선하다. 경력 4년 새내기 교사로서 정력적으로 아이들을 지도했고, 아이들 역시 병아리가 어미닭을 따르듯 착하게 따라 주었다.

그들 중에서도 유독 주은이는 기억에 또렷이 남아 있는 학생이다. 얼굴이 까무잡잡하고 행동은 민첩하지 못했으나 집중력이 좋은 아이였다. 교사의 한마디 한마디를 온전히 자기 것으로 소화할 줄 아는 아이였으니까.

독실한 기독교 신자인 주은이의 부모들은 그 당시에 연쇄점을 경영하고 있는 교양이 있는 분이었다. 주은이는 가르칠수록 '보통 아이와는 다르다'는 생각을 하게 되었다. 학습할 때도 문제를 분석하고 원리를 찾는 아이였고, 영리하고 명석하여 4·5학년 정도 수준이었다. 독서를 많이 했기 때문에 아는 것도 많았다.

나는 인재를 키워야 한다는 생각에 용기를 냈다. 그해 12월초부터 일차적으로 교장선생께 상황을 말하고,

"교장 선생님 주은이를 월반시키면 어떨까요?"

하고 건의를 했다. 교장선생은 어렵다고 말하였다. 그 당시에는 '월반' 제도가 없었고, 아이가 적응을 잘할지 확신할 수가 없기 때문이라고 했다. 그러나 나는 잠들어 있는 잠재력의 보고를 꽃피워 보고 싶은 욕망이 강렬했다. 1학년에서

4 · 5학년은 어렵겠지만 3학년으로 월반하는 것은 가능할 것 같았다. 그래서 미력한 풋내기 교사였지만 주은 이를 위하여 대변인이 되고 조력자가 되고 싶었다. 주은이의 부모님에게 이야기했더니,

"선생님 고맙습니다만 월반해서 친구를 원만하게 사귈지도 모르고, 본인의 의사도 중요하지 않겠습니까?"

하며 달갑지 않는 표정을 지었다.

그러나 나의 집념은 드디어 인사위원회에서 합의점을 이끌어내었다. 교장 선생 외 여러 선생과 의견을 모으고 주은이 부모의 허락을 얻어 드디어 3학년으로 월반하게 되었다.

세월은 흘러 2004년에 진주교육대학에서 제자가 옛 스승을 찾는다는 연락이 왔다. 까맣게 잊고 있던 주은이었다.

"선생님 보고 싶습니다. 건강하시죠? 그동안 선생님을 잊어 본 적이 없습니다."

하는 주은이의 목소리가 조금 떨리는 같았다. 나는 전화를 받고 눈물이 핑 돌았다. 세월은 많이 흘렀지만 주은이의 얼굴 모습과 행동은 기억에 생생하였다.

2008년에 불현듯 주은이가 마산에 내려왔다. 어린 꼬마가 40이 넘어 중년이 된 늠름한 모습을 보니 부푼 가슴을 가눌

길이 없었다. 한편으로는 나 자신이 아주 작아지고 위축되는 기분도 들었다. 세월이 무상하여 꽃다운 선생이었던 내가 '이제 할머니가 되어 버렸구나.' 하는 생각을 떨칠 수가 없었다. 주은이를 만나 일 학년 때의 추억을 즐겁게 이야기하였다.

친구가 교실에서 큰 볼일을 보는 실례를 한 이야기, 1–2 = –1 이야기 등 열심히 공부를 잘 가르치는 선생님 이야기를 하면서 점심 한 끼를 대접 받았다.

"선생님 감사합니다. 열심히 가르치는 선생님 모습과 '월반' 은 내 생애에 큰 밑거름이 되었습니다."

하고 말하는 주은이가 내 인생을 보람 있게 만들어주는 것 같아 오히려 내가 더욱 고마웠다. 지금도 주은이는 명절이 되면 잊지 않고 안부를 묻고 선물을 보내고 있다. 나는 미안스러워 선물을 사양한다는 답신을 보냈다.

"우리 주은이가 훌륭하게 된 것만으로 충분하고, 선물은 필요 없단다."

하며 제자를 나무라며 만류도 해보았다.

이번 스승의 날에도 전화와 문자 메시지를 보내왔다.

선생님 덕분에 자신감을 가지고 살고 있습니다. 평생 갚

아도 다 갚지 못할 스승의 은혜 감사합니다. 오래오래 사셔서 그 은혜 다 보답할 수 있게 해 주십시오.

주은이의 따뜻한 글귀는 언제나 내 가슴에 남아 있다. 나는 아직도 주은이가 보낸 메시지를 지우지 않고 보고 또 보곤 한다.

교직생활의 희로애락이 주마등처럼 스쳐간다. 해맑은 아이들의 눈동자는 초롱초롱 추억의 뒤안길에서 지금은 아름다운 나래를 훨훨 펴며 살고 있겠지? 나도 사제지간의 정 때문에 삶의 보람과 긍지를 가지고 살아간다.

'청출어람青出於藍' 이란 고사성어가 있다. 중국 전국시대의 순자荀子사상을 집록한 권학勸學 편에 나온 말이다. '푸른색은 쪽藍에서 나왔지만 쪽빛보다 더 푸르다' 라는 뜻으로, 제자가 스승보다 더 나음을 비유하는 말이다.

우리나라는 경제의 원동력인 자원이 부족한 나라이다. 먼 훗날 '한 사람의 인재가 100명을 먹여 살려야 된다.' 는 말처럼 무엇보다 엘리트 양성이 절실한 나라이다. 두뇌를 개발하고 인재를 육성하여 부강한 나라를 만들어야겠다.

주은이는 지금 이런 교육사업의 선두주자로 동분서주하고 있다. 쪽빛보다 더 푸른 훌륭한 제자 주은이는 미래를 위한 인재 육성에 온 정성을 쏟고 있다.

주은이에 대한 추억을 떠올리며 25살 그때처럼 열정적으로 살아가려 한다. 나는 아직도 누군가에게 쓸모 있는 사람이고 싶다. 세상을 위해 뭔가를 할 수 있는 사람이 되기를 꿈꾼다. 나의 제자 주은이가 있어 오늘도 행복하다.

어느 할머니 이야기

나는 매일 아파트 주변 '금연 공원'에 운동하러 나간다. '고희'라는 가까운 미래가 씁쓸히 다가오고 있다. 건강하게 오래 살기 위한 몸부림인가? 수명을 연장하기 위한 안간힘인가? 이제는 하루도 운동을 하지 않으면 몸이 뻣뻣하고 근육의 유연성이 떨어져 몸이 말을 잘 듣지 않는다. 아무튼 운동을 하고 나면 기분이 산뜻해지고 정신도 맑아진다.

어느 할머니는 하루에 거의 두서너 번 공원에 출근하다시피 한다. 할머니와 만나는 시간은 오후 6시경, 작은 키에 빛바랜 하얀 백발머리, 다리가 아픈지 절룩거리며 걷는다. 몸이 매우 불편해 보인다. 추운 겨울에는 모자를 푹 눌러쓰고 손에는 항상 친구 같은 손수레가 따라다닌다. 돌돌 소리를 내며 작은 바퀴가 인생길을 재촉하듯 천천히 굴러간다. 수레에는 작은 방석, 노끈, 집게, 헌 비닐봉지가 눈에 띈다.

할머니의 눈에는 빈 박스와 빈병, 빈 캔밖에 안 보일 것이다. 언제나 공원 입구에 쓰레기통 포대 주위를 서성거리고 고약한 냄새를 맡으며 용돈이 될 만한 물건을 찾고 있다.

나는 할머니의 행동을 유심히 관찰하며, 공원에서 각종 운동 기구를 이용하여 운동하고 있다. 내 나름대로 목표 개수를 정해놓고 다리 운동 50번, 윗몸 일으키기 35번, 자전거 200번, 다리 돌리기 200번, 콩콩이 70번, 링 돌리기 100번, 흔들이 200번 등 9개의 운동기구를 이용하고 나면 거의 30분이 걸린다.

할머니도 필요한 재활용 물품을 다 챙기고 나면 간단한 기구를 이용하여 운동을 한다. 나는 맨손 체조와 서서 하는 운동 30분, 다음은 족구장 주위를 30분 동안 걷는다. 저녁 운동까지 합치면 하루에 두 시간 넘게 운동을 하는 셈이다.

내가 걷기 운동을 할 때 할머니는 공원 전체와 연두색 철망 주위를 다니며 집게로 쓰레기를 주워 비닐에 담는다. 어떨 때는 담장 바깥 주위를 청소할 때도 있다.

"쯧쯧 왜 아무데나 쓰레기를 마구 버릴까? 요즘 애들은 정말 말을 안 들어."

약간 짜증스러운 어투로 혼잣말을 내뱉으며 쓰레기를 버린 아이들을 싸잡아 나무라기도 한다.

"아이들도 잘못이 있지만 부모들의 철저한 교육이 필요합니다."

나도 괜스레 옆에서 거든다.

할머니의 정확한 발음 몇 마디가 건강하다는 것을 증명하는 듯하다. 나이는 들어 보이지만 얼굴이 나이에 비해 탱탱하고 까무잡잡해서 근력도 좋아 보인다. 단지 절룩거리는 모습이 나이를 더 들어 보이게 할 뿐이다.

나도 칠순에 가까운 할머니다. '나이는 숫자일 뿐, 나이를 잊고 살아가십시오.' 라고 항상 듣는 말은 노인들에 대한 용기와 배려, 그리고 희망을 주는 말이지만 나이가 들면 기력이 없어지고 늙어지는 법, 세월 앞에 이길 항우장사가 있겠는가? 곁에 있던 친한 사람들이 추풍낙엽처럼 하나, 둘 떨어져 나가고 고독이 온몸과 마음에 족쇄를 채운다.

"할머니 수고합니다. 허리가 아플 텐데."

하고 내가 위로의 말을 전하면,

"컵라면을 먹고 아무데나 버리고 의자에 쏟고 하니 기가 찰 노릇이다."

라면서 똑같은 말투로 동문서답이다.

정말 그렇다. 환경의 소중함도 모르고 아무데나 쓰레기를 버리는 것, 어른들조차 아이들 행동을 귀찮은 듯이 참견도 하지 않으니 예삿일이 아니다.

어떤 젊은이는,

"청소부가 있지 않아요."

우리가 내는 세금으로 청소부들이 살아가는 것이란다. 한마디로 아무데나 버려도 된다는 이야기가 아닌가.

할머니는 젊을 때부터 근검절약하고 남을 위해 봉사를 많이 하신 부지런한 분이라고 생각되었다. 폐품을 팔아 어려운 이웃 사람들을 도와주고 학생들에게 용돈을 주는 고마운 할머니다.

나는 웃으며,

"할머니 성함이 어떻게 되지요? 동장님께 좋은 일을 자랑하고 싶습니다."

하고 물어도 이름을 밝히지 않고 사양하며 피식 웃고 만다.

나는 하루라도 할머니가 보이지 않으면 궁금해진다. 몸이 편찮으시지는 않으신지? 할머니를 보며 내 모습을 유추해 보기도 하고 착한 할머니의 삶과 내 자신의 삶을 비교도 해보고 반성의 기회도 가져본다. 배울 점이 많은 할머니임에

틀림없다.

할머니를 보면 나 자신이 숙연해지고 어쩐지 미안한 마음이 든다. 그래서 '할머니 죄송합니다. 건강하게 오래 사셔요.' 하고 진심으로 행복하기를 빈다.

다른 할머니들은 벤치에 앉아 환담을 나누고 있을 때 쉬지 않고 일하시는 할머니의 마음속엔 큰 사랑과 달덩이 같은 봉사 정신이 꽃피고 있을 것이다. 몸은 불편하지만 걷고 움직이고 좋은 일을 하면서, 건강을 지키는 백세 시대의 모범 할머니가 아니겠는가.

'할머니 파이팅!'

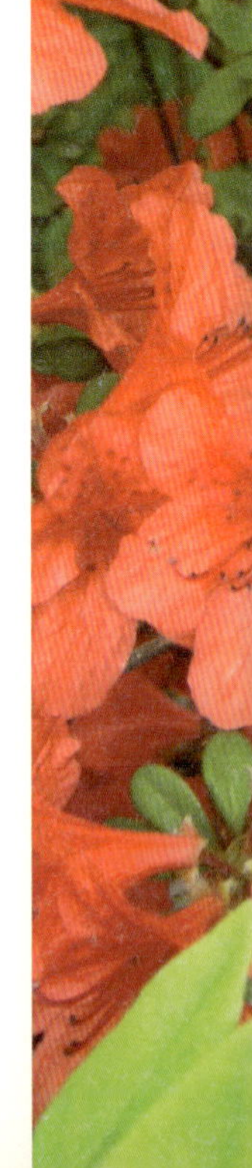

요즈음 백세 시대의 건강프로그램이 많이 등장한다. 10월 2일은 노인의 날이다. '호모 헌드레드' 라는 용어는 장수시대에 유엔에서 지칭한 신조어다.

노후를 위한 준비는 편안한 은퇴의 밑바탕인 건강을 챙기는 일을 비롯해 취미, 여가 또는 직업을 가져야겠으며 자기 계발에 힘써야 하는 등 다양하다.

백세는 우리에게 '축복' 이 아니라 '재앙' 이기도 하다. 노후가 불행한 일이 되지 않고 기다리는 노후가 되어야겠다. 각자 상황에 맞춰, 목표를 분명히 해야겠고, 은퇴 후에 정말 하고 싶은 일을 할 수 있도록 노력해야겠다.

영산홍이 빨갛게 물들고 있다.

'금연공원' 연두색 울타리에 빨간 장미가 필 때쯤 행복할머니께 따뜻한 밥 한 그릇 대접하고 싶다.

사랑하는 딸 경심이에게

필을 드니 가슴이 미어 온다. 좀 더 건강하게 오래 살아서 우리 경심이 행복하게 사는 모습, 나윤이, 나경이 착하게 커 가는 모습을 지켜보고 싶었는데, 세상을 하직할 날도 이제 사실상 얼마 남지 않았구나.

평소 다리가 아파 걱정을 하고 있었는데 얼마 전부터 걸음 걷기가 더욱 불편하고 고통스럽다. 이렇게 늙고 병들어 인생을 마감할 순간이 온다고 생각하니 내 운명이 가슴 쓰리도록 아프다.

기억력도 떨어지고 금방 생각한 것도 잊어버리는 증세, 흔한 이름도 생각이 안 나, 치매 증세가 있는 것이 아닐까?

의아심을 가질 때가 가끔 있다. 내가 사랑하는 사람들에 대한 기억을 다 잊어버리게 되면 어떡하나? 하는 생각을 하면 눈물이 앞을 가리는구나. 젊을 때부터 모든 감정과 몸을 관리하지 못해서 이런 병이 생겼다고 본다. 우리 딸은 건강할 때 건강을 지켜 보람 있게 살기 바란다.

엄마가 외롭고 복이 없는 사람으로, 너를 잘 키우지도 못하고 언제나 '공부해라, 책을 많이 읽어라, 이것 해라, 저것 해라.' 요구만 하고 엄마의 쓸데없는 욕심만 부린 것이 무척이나 후회스럽고 미안하다.

너 대학 졸업하고 취직 때문에 엄마가 잔소리 많이 했었지? '너 그만큼 키웠으니 스스로 용돈 벌어 쓰렴.' 하고 말이다.

엄마가 미운 적도 있었겠지만 내색 한번 하지 않고 잘 커줘서 고맙다. 지금은 무던한 신랑을 만나 두 아이의 엄마가 되고, 공직생활하면서 가정을 잘 꾸려 나가는 우리 경심이가 누구보다 자랑스럽다.

너에게 마지막으로 부탁하고 싶은 말이 있다.

엄마로서라기보다 인생을 먼저 산 선배로서 하고 싶은 말이다. 사람들은 누구나 행복하게 살기를 바라지만 어떻게 살아야 행복해지는지 잘 모르고 산단다. 우리 경심이가 마음을 비우고 욕심 없이 살기를 바란다. 엄마는 욕심에 얽매어 많은 사람들을 피곤하게 하며 살아온 것 같구나.

마음을 비운다는 것이 세상일에 의욕을 버리라는 것은 결코 아니다. 마음을 비우고 세상을 넓게 보면 오히려 가치 있는 일들이 얼마나 많은가를 깨닫게 될 것이다. 자신의 삶을 더 소중하게 생각하고 열심히 살아가기 바란다.

그리고 엄마는 지나치게 알뜰하고 너무 아끼는 습성이 있어 남에게 덕을 베풀지 못한 것이 한스럽다. 자기 욕심을 줄이면 더 많이 가질 수 있다는 것을 늦게야 깨달았구나. 부디 많이 베푸는, 덕망이 있는 사람이 되기 바란다.

그리고 엄마가 가지고 있는 부동산 집은, 반은 너희들이 가지고 반은 사회 복지 기금으로 쓰기 바란다. 장례는 간소하게 치르고 꼭 알릴 사람에게만 알리고 화환 같은 것은 일체 받지 말도록 해라.

삶의 끝 무렵에 와서야 비로소 사는 일에 겸허해지는구나. 너희들이 있어서 행복했다. 죽어서 다음 세상에 사람으로 태어나기를 바란다는 것도 욕심 같구나. 나는 다시 세상을 산다면 한 그루 나무로 살고 싶다. 자연으로 돌아가 자연에 순응하고, 짐승들에게 넉넉한 보금자리가 되고 사람들에게 그늘을 만들어 주는 그런 나무가 되고 싶다. 그래서 예전부터 이야기했듯이 수목장으로 치러 주었으면 한다.

경심아.

너무 오래 슬퍼하지는 마라. 엄마가 병들고 죽는 것이 가슴 아픈 일이지만, 마음을 비우고 보면 너의 곁을 떠나는 것도 모두가 자연의 이치인 것이다. 내가 죽음을 느끼고 이렇게 작별인사를 할 수 있는 것도 고마운 일 아니겠니?

네가 있어서 많이 행복했다. 이제는 옆에서 너를 바라볼 수 없지만, 한 그루 나무가 되어 함께 숨 쉬고, 그늘을 주며 살아갈 수 있을 것 같다.

사랑하는 경심아, 이제 작별해야겠구나.

귀여운 손자들이 훌륭하게 자라 세상을 밝히고 행복을 만드는 사람이 되기를 바란다.

사랑한다, 그리고 고맙다.

2011년 7월 26일 차선옥

그리운 고향 양촌

가슴이 뭉클해 온다. 내 고향 합천 청덕 성태리 양촌 마을은 연안 차씨들이 모여 사는 집성촌 마을이다. 동네에 경사가 있으면 옹기종기 모여 앉아 음식을 나누어 먹던 시절이 엊그제 같다.

서로 도와가며 위로해 가며 같이하는 정다운 양촌 마을이다. 복사꽃이 피고 뻐꾸기 울음소리가 구수하게 들리는 두메산골 내 고향, 버스가 다니는 한길 청덕에서 언덕과 재를 넘고 산을 넘어야 들판이 훤히 보인다. 둥둥 떠 있는 흰 구름 저쪽에는 평화로운 백사장이 나를 반긴다. 땅콩 밭 옆으로 흐르는 고향의 강이 예나 지금이나 변함없이 유유히 흐르고 있겠지? 나룻배에 몸을 싣고 뱃사공 노 젓는 소리를 들으며 들길을 한참 걸어야 고향마을이 보인다. 해질 무렵이면 굴뚝에서 연기가 자욱하고, 무쇠솥에서 구수한 정겨움이 모락모락 피어오른다.

뒷동산 진달래꽃 붉게 물들고 버들피리 삘리리삘리리 신나게 불며 동네 앞 냇가에 미꾸라지 잡고 멱 감던 시절이 알알이 생각난다. 겨울이면 따뜻한 양지에 앉아 기다란 풀로 각시 만들고 사금파리 다듬어 흙떡 담아 너는 신랑 나는 각시 소꿉놀이하던 시절이 한없이 그립다.

손등이 터서 피가 나도 큰 웃음 깔깔대고, 먹을 것이 없어 남의 밭 과수원에 풋콩 그슬어 먹고 참외 서리 하던 시절이 생각할수록 웃음이 난다. 보리밭 깜부기를 훑어 먹고 입이 새까맣게 인도쟁이가 되어 조잘거리던 추억이 필름처럼 스쳐간다.

시인 나명욱의 〈그리운 고향〉 일부분이다.

명절 때면 고향을 찾아
바쁘게 길을 떠나는 사람들이
부럽기만 하다.
돌아갈 고향이 없는 사람들만큼

서럽고 외로운 사람이
또 어디에 있으랴

어린 시절 성태리 본가는 기와집 12대문이 있고 할아버지께서는 합천 유지였으며 무척 부자로 살았다. 청덕초등학교 1학년 2학기 때 조부께서 합천 전매서 서장으로 발령을 받았고 아버지는 군청에 근무하는 덕으로 합천초등학교에 전학을 하게 되었다.

1, 2학년 때는(51년) 6 · 25전쟁 직후로 하루 두 차례 비상종이 울리면 방공호로 뛰어가 피신하고 숨는 '방공 훈련'을 하던 기억이 생생하다. 교실이 없어 플라타너스 나무 밑에 칠판을 세워놓고 먼지 나는 운동장에 책보따리를 펴놓고 앉아 각자 만들어 온 작은 책상 앞에서 공부를 하였다. 학교에서 강냉이 죽을 맛있게 먹던 일, 구호물자를 제비뽑기를 해서 헌가치(손수건)를 선물로 받은 일, 그 손수건이 너무나 보드랍고 예뻐서 두고두고 좋아했던 기억이 선하다.

나는 몸집이 작았지만 달리기, 재주놀이에 소질이 있어 릴레이 선수, 철봉놀이, 줄넘기 등 놀이 분야에 선수처럼 두각을 나타내었다. 3, 4학년 때 신정재 선생님은 공부도 잘 가르쳤지만 텀블링(기계체조) 지도를 잘하였다. 가을 운동회 때 40명 단체(집단) 텀블링을 할 때에는 제일 꼭대기에 올라가 양팔을 펴 보이면, 우레 같은 박수 소리가 하늘을 찌를 듯, 그 순간의 기쁨은 내 어릴 때 최고의 순간이고 자부심과 감동이 넘치는 드라마였다.

내 짝지는 아니지만 이옥련이란 친구는 키도 굉장히 크고 공부도 잘하는 친구였으며 같은 동네에 살았고 유달리 눈이 큰 아이였다. 체육시간에는 항상 짝이 되어 키다리 달리기 선수, 꼬마 달리기 선수가 되어 선생님의 칭찬도 많이 받았다. 옥련이의 어깨에 서서 양팔을 벌려 저쪽 골대까지 돌고 오던 일, 철봉에 올라가 양팔를 벌리고 왔다 갔다 걸어 다니던 일, 합천군 체육대회, 운동회에서 달리기에 자신만만했던 기억들이 생생하다. 몸동작의 민첩성이 탁월해 재주와 장기의 나래를 마음껏 펴고 어린 시절을 보낼 수 있어 좋았다.

6학년 때 나를 따라다니던 풋내기 친구들아, 보고 싶구나. 연애편지 받고 가슴 조이게 하던 친구 엄동익도 너무너무 보고 싶다. 최무룡의 〈외나무다리〉, 〈청포도 사랑〉, 〈찔레꽃〉 등 그 시절 유행했던 유행가도 생각난다.

수구초심首丘初心이란 말이 있다. 여우가 죽을 때에 머리를 자기가 살던 굴 쪽으로 몸을 바르게 하고 죽는다는 말로,

고향을 그리워하는 마음, 또는 근본을 잊지 않는 마음을 일컫는다.

내 고향 합천 청덕은 나를 있게 한 출생지고 고향이며 옛 추억이 서려 있는 값진 무대이다. 고향을 떠난 지도 무척 오래되었다. 추석이 다가오고 청명한 가을 하늘을 보니 더욱 고향이 그립다. 얼마 전에 고향에 선친이 몇 분 살아계신다고 들었다. 이 해가 가기 전에 유구한 산천도 돌아볼 겸 고향을 다녀오고 싶다.

콩나물과 어머니

나는 어릴 때 콩나물을 정성껏 기르시는 어머니의 모습을 보며 자랐다. 어머니는 검소하시고 매사에 알뜰하고 야무진 분이셨다. 아버지는 군청에 다니셨고, 궁핍한 생활은 아니지만 어머니는 돼지를 키우시며 가정에 보탬이 되게 하셨다. 지금도 까만 새끼 열두 마리가 오글거리는 모습이 눈에 아른거린다.

작고 충실한 콩을 골라서 깨끗이 씻어 하루쯤 불려 길쭉한 시루에 넣는다. 물받이 사구에 가로대를 얹어 그 위에 콩이 담긴 시루를 조심스럽게 놓는다. 쪽박으로 깨끗한 물을 듬뿍 준다. 물을 주고 나면 반드시 검은 천을 물에 적셔 시루에 덮는다. 콩나물시루는 방 윗목 구석에 둔다. 따뜻한 아랫목은 우리 식구 차지, 윗목은 콩나물 차지이다.

이렇게 콩나물과 함께 다정한 식구가 되어 겨울밤은 깊어만 간다. 우리도 세끼 밥 먹듯이 콩나물도 하루 대여섯 번 물을 시원히 먹어야 싹이 트고 줄기가 통통하게 자란다.

"선자야, 콩나물에 물 좀 주거라."

어머니의 목소리를 듣고 나는 얼른 가서 검은 천을 거두어 내고 쪽박으로 물을 두서너 번 준다. 시루에선 줄줄, 졸졸, 똑똑, 한 방울 두 방울, 콩나물은 물소리를 들으며 커 간다.

"엄마, 콩나물은 왜 물을 좋아하는데?"

나는 어머니께 여쭈어 보았다.

"사람도 먹어야 살제, 콩나물도 마찬가지야."

하루는 동생이 물을 주고 천을 덮지 않았다. 어머니는 노발대발 꾸중을 하셨다.

"동성아, 선자야, 물을 주고 나면 반드시 천을 덮어야 돼."

어두운 곳에서 자라야 노란 콩나물이 된다고 하셨다. 덮지 않으면 밝은 빛이 들어가 콩나물 대가리가 연두색으로 변하여 맛이 없다고 하셨다.

어머니는 극성스러웠다. 한겨울 깊은 밤에도 한두 번 일어나 콩나물에 물을 주셨다. 물을 너무 많이 주어도 웃자라고 자주 안 주면 잔발이 많이 생겨 통통하고 맛있는 콩나물이 되지 못한다고 하셨다. 모든 일에 정성이 중요하지만 콩나물 키우는 기술은 더욱 정성과 물주기에 신경을 써야 한다고 하셨다.

먹을거리가 귀하던 시절 콩나물은 김치 다음으로 좋은 반찬이었고 단백질을 섭취하는 지름길이었다. 덥석덥석 한 움큼씩 뽑아서 식구끼리 둘러 앉아 발 따던 시절, 콩나물무침, 콩나물국 그리고 김치국밥에는 반드시 콩나물이 들어가야 제 맛이 난다. 나는 그 시절이 무척 그립다.

지금은 그런 애틋한 추억이 온데간데없고 농약, 속성 성장제의 위기에 휩싸여 무공해 콩나물을 찾아야 되고, 망설임과 확신 없는 세상이 되었다.

일요일 TV 개그 프로그램 〈풀 하우스〉를 재미있게 본다. 콩나물시루 같은 집에서 벌어지는 코믹이야기로 콩나물 집안이 비좁고 어렵지만 삶의 단면과 해프닝이 재미를 더해 간다.

'콩나물시루' 도 비좁지만 오순도순 도레미 노래 부르며 으쓱으쓱 어깨춤이 절로 난다. 우리 식구도 덩달아 합창을 한다.

감자 고구마도 씻을 때 서로 부딪쳐야 흙이 떨어지고 깨끗이 씻긴다. 떼를 지어 가는 물고기도 질서와 양보로 제 갈 길을 헤엄쳐 간다. 남쪽으로 가는 새까만 철새 무리도 사이좋게 낙오 없이 고향 찾는 모습이 대견스럽다

비좁지만 먼저 달리지 않고 질서와 정을 느끼는, 콩나물시루의 아름다운 질서를 배우면서….

'오늘은 콩나물밥 지어 참기름 양념장 넣어 비벼 먹어 볼까?'

청덧버선

나에게는 덧버신이 몇 켤레 있다. 그중에서 청으로 된 덧버선이 두 켤레, 하나는 바이어스선이 노란색이고 또 하나는 선이 빨간색 덧버선이다. 주로 실내에서 신고 생활한다. 이삼 년 전부터 덧버선이 터지고 구멍이 나서 버리고 다른 덧버선을 신어도 되었다. 그러나 어쩐지 청덧버선이 마음에 들고 애착이 가서 여러 군데 기워서 신는다. 올해도 두 군데 구멍이 나고 떨어져서 바늘로 한 땀 한 땀 기워 신었다.

구멍이 난 곳을 보기 좋게 가위로 정리하고 못 쓰는 양말을 잘라서 부위보다 크고 둥글게 자른다. 덧버선을 뒤집어서 자른 조각을 구멍난 장소에 부착하여 기워 나간다. 다 기웠으면 다시 뒤집어 보기 좋게 기워서 마무리 작업을 한다.

바느질도 여러 방법이 있다. 홈질, 박음질, 반박음질, 공그르기 그 외 시침질, 감침질 등이 있다. 홈질은 기본 바느질법으로 선 따라 기워 나가는 간단한 방법이며, 박음질과 반박음질은 꼼꼼하고 튼튼한 바느질법이다. 공그르기는 마무리작업을 할 때, 바느질 땀이 안 보이게 마감하는 바느질법이다.

나는 쉬운 방법으로 '감침질'을 해서 겉에는 약간 땀이 보이고 안쪽에는 사선의 땀이 나타나는 방법으로 기웠다.

사람마다 자기가 좋아하는 것, 취향에 맞고 마음에 드는 물건이 있다. 그 물건이 낡으면 수리하고 복구하여 쓰는 재활용은, 검소하고 알뜰함에서 비롯되는 것이다. 특히 양말 구멍을 때우는 일은 어릴 때 많이 해본 일이다. 떨어진 곳에 백열전구를 넣어서 한 땀 한 땀 기워서 신을 때도 있다. 기운 자국은 오랜 옛날 지지리도 못살 때의 온갖 애환과 추억이 서려 있고, 희열과 설렘도 있어 좋다.

겨울밤 깊어 얼어붙은 별빛
어머니 손끝 저고리 어둠을 깨워 팔랑인다.
한줌 등잔 불빛에 휘어진 등 시린데

일렁이는 벽 그림자 서럽도록 고와라

한땀 한땀 서러움을 동정 깃에 새겨 넣고
웃고름 펼쳐놓아 꿈처럼 수놓는다.
차갑게 내려앉은 그 옛날 추억들이
펼쳐진 치마폭에 그림처럼 쌓인다.

어머니의 바느질 모습을 잔잔히 노래한 시이다.

나의 어머니는 세심하고 물건을 아끼시는 분이다. 조그만 빈병 하나도 버리지 않고 모아 두고 다시 쓰는 분이셨다. 여름에는 러닝셔츠를 오래 입어 닳아서 구멍이 난 것을 자주 입으셨고, 예쁜 러닝셔츠를 사 드려도 입지 않고 아끼셨다. 러닝셔츠는 면으로 되어 있기 때문에 끝까지 활용한다. 해어지면 마지막으로 행주나 걸레로 변해서 끝까지 사람에게 도움을 주고 사라지는 눈물겨운 하얀 천사의 속옷이다.

'바늘 가는데 실 간다.' 는 속담이 있다. 바늘과 실은 불과 분의 관계이고 아주 친한 사이임을 비유해서 한 말이다. '용 가는데 구름 간다' 라는 말도 같은 의미의 말이다. 바늘과 실은 우리 가족과 떨어질 수 없는 혈연의 관계, 대가족제도의 아름다움이 녹아 있다. 그리고 바늘과 실은 조각난 사

물을 잇는 결합의 이미지를 지니고 있고 자수刺繡는 고통을 인내하는 과정에서 오는 승화昇華의 미美를 상징한다.

지금은 가정에서 바느질을 해서 기워 입는 옛 문화는 사라졌다. 추억 속에 묻히고, 사람의 기억 속에서 아련히 그때를 그리워한다. 이것뿐이겠는가? 오륙십 년의 역사는 엄청나게 변했다. 풍족한 물질문화는 사람을 편하게는 만들었지만 허허로운 마음은 채워지지 않은 큰 숙제로 남아 있다.

싫으면 마구 버리고 새것으로 만족하는 시대다. 일회용이 홍수처럼 범람하는 현실이다. 기워 입는다는 것은 상상도 못 할 옛일이 되고 말았다. 나라에서 쓰레기 처리문제를 정책적으로 묘안을 짜내고 고심을 하지만, 환경은 무엇보다 개인의 거짓 없는 양심을 필두筆頭로, 적게 버리고 아끼는 습성이 생활화되어야 한다.

우리의 어머니들은 노동 속에 모든 애환을 달래고 호롱불 밑에서 옷을 지어 입었다. 떨어지면 기워 입으며 절약하던 위대한 어머니의 지친 모습이 가슴 아프게 떠오른다. 덧버선의 기운 자리는 흘러간 세월의 자국이고 아름다웠던 추억의 표상이다. 지금도 누덕누덕 기운 청덧버선을 신고 빙그레 웃으며 글을 쓴다.

은빛 찬란한 메시지

아침에 일어나 창문을 여니 새하얀 눈이 목화송이가 되어 소복이 쌓여 있다. 놀랍고 눈이 부시다. 공중에 펑펑 쏟아지며 나부끼는 함박눈은 저물어 가는 세모歲暮를 아쉬워하고, 새해 계사년에는 하얀 손님과 더불어 좋은 일이 생길 것 같은 느낌이다.

온 누리는 축복 속에 하얀 천지로 변하였다. 가만히 서 있기에는 계면쩍어 고함이라도 지를 것 같은 희열감이 밀려온다. 바깥에 나가 강아지 마냥 펄쩍펄쩍 뛰어다니며 눈 위를 마구 뒹굴고 싶은 욕구가 강렬하지만, 한갓 추억일 뿐, 마음과 현실의 괴리감은 어쩔 수 없는 세월의 탓으로 돌릴 수밖

에 없다.

내 어린 시절, 고향인 합천은 겨울이면 그렇게도 눈이 많이 오고 몹시 추웠다. 종종걸음을 걸으며 오들오들 떨었던 기억이 생생하다. 손이 시려 두 손 호호 불고, 손등은 터서 피가 나고 몹시 따가웠다. 상처 난 곳에 침을 바르면서 놀이에 정신을 팔았던 생각이 오롯이 난다. 친구들과 양지바른 햇볕에 앉아, 말라 버린 잡초 사이로 이름 모를 초록색의 긴 풀로 머리를 땋아 각시 만들고, 흙 떡을 만들어 사금파리에 담아 소꿉놀이하던 생각이 소록소록 떠오른다. 눈이 많이 쌓여 눈싸움도 신나게 하고 눈사람 만들어 친구들과 깔깔대고, 썰매 타다가 넘어지는 등 재미있게 놀던 생각이 바로 어저께 같다.

'세월은 쏜 화살과 같다.' 라는 세월타령을 자주하게 된다. 낼모레가 고희, 칠순이란 긴 여정은 눈 깜박할 사이에 흘러가고 말았다. 진정 유수와 같은 세월이다. 지나 온 세월 속에 알알이 묻혀 있는 조약돌을 하나하나 끄집어내어 갈고 닦아서, 보석을 만드는 일만 남았다. 세월의 흔적을 곱게 엮어 나가는 일이다.

'송이송이 눈꽃송이 하얀 꽃송이 하늘에서 내려오는 하얀 꽃송이….'

내가 어릴 때 즐겨 부르던 동요다. 하얀색은 청초하고 순결해서 좋다. 밝고 깔끔하고 고급스럽고 선명해서 더더욱 좋다. 하얀색은 모든 색과도 조화가 잘 되지만 특히 빨강색과 분홍색이 잘 어울린다. 이른 봄에 피는 목련꽃, 배꽃, 이팝나무, 백합꽃, 은방울꽃, 애기괭이밥, 고추냉이, 바람꽃 등도 청초함을 자랑하고 있다.

나는 분홍색을 무척 좋아한다. 즐겨 입는 옷도 분홍색이 많다. 그러나 집안 분위기의 배경색인 벽과 주방은 흰색으로 장식하여 깨끗함을 강조한다. 많은 사람 중에 천사와 같이 선량하고 고운 마음씨를 가진 사람을 '하얀 마음'으로 비유하기도 한다. 환자를 다루는 의사 선생의 가운, 백의의 간호사, 새로 출발하는 신부의 하얀 드레스도 거짓이 없는 진실과 숭고함을 나타낸다. 그리고 우리나라 한민족은 동방예의지국으로 옛부터 흰옷을 무척 즐겨 입었다. '배달의 민족' '백의의 천사' 이라고도 한다.

해마다 눈 천지인 강원도 지방의 눈꽃 향연, 아름답고 미묘한 순결의 자태姿態, 낭만이 있고 고고孤高한 시심詩心이 있어 참 좋다. 그러나 주민들의 생활의 불편함은 오죽하랴?

내가 사는 마산은 바다를 끼고 있는 해양성 기후로 여름에 시원하고 겨울에는 따뜻하여 살기 좋은 곳이다. 제2의 고향이라고 애향심을 자극하며 살아가고 있다. 겨울이라 하지만 눈 구경하기가 힘든 곳도 마산이다.

뉴스보도에 의하면 이번 눈은 창원지방에서 60년 만에 많이 내린 적설량이란다. 농가에는 비닐하우스 피해가 많은가 보다. 아파트 관리실에서 외출을 자제하라고 두 차례 방송까지 했다. 은행 갈 일도 포기하고 하루 종일 하얀 눈을 벗 삼아 옛 추억의 삼매경三昧境에 빠져든다. 신비하고 새하얀 눈의 미학을 음미해 본다. 스산한 세모歲暮에 즈음하여 고결한 눈을 맞으며 예찬해 본다.

내년에는 눈 같은 마음으로, 책도 많이 읽고 심중에 있는 생각들을 정리해 가며 더 의미 있게 살아가련다.

여름 축제의 주인공들

폭포와 같이 흐르는 땀, 시원한 얼음물, 런던 올림픽의 낭보朗報로 여름 한철을 보냈다.

"죽기 살기로 해서 졌어요. 지금은 죽기로 하니까 이겼어요. 그게 답입니다."

김재범 선수가 유도 금메달을 받고 난 뒤 한 말이다. 짜릿한 감동의 순간이었다. 김천 출신인 김재범은 김천 서부초등학교 2학년 때부터, 몸이 약하고 배고픔이 싫어 유도를 시작했다. 중앙중학교를 졸업하고 2007년 용인대를 거쳐 한국 마사회 선수로 활동하고 있다. 4년 전 베이징올림픽에서 은메달, 세계선수권과 아시아선수권대회에서 우승, 이번 런던올림픽에서 금메달을 목에 걸었다. 유도의 에이스, 최연소 그랜드슬램 달성이라는 별칭이 붙기까지 그의 투지와 노력은 이미 매스컴을 통하여 익히 알고 있지만, 인간의 한계를 뛰어넘어 자기의 목표달성을 위해 온갖 고통을 두려워하지 않는 피나는 정신력으로 승리했다.

7월 31일 저녁 6시 5분(한국시간) 영국 런던 엑셀노스 아레나에서 런던 올림픽 유도 남자 81kg 이하급 결승에서 독일의 올레 비쇼프(32)를 맞아 초반부터 공격적으로 나서며 유효 2개를 따내고 승리했다. 경기가 끝나고 나서 비쇼프 선수가 진정으로 축하해 주었다. 서로 포옹하는 모습은 너무나 아름다웠다. 두 선수의 찡하는 인간애가 더욱 돋보였다. 말은 안 통하지만 그동안 겪은 수고와 회한이 우리들의 마음을 사로잡았다.

김재범은 런던 올림픽을 앞두고 왼 무릎과 왼 어깨 부상을 당했다. 어깨와 팔꿈치는 인대가 늘어나고 무릎도 연골이 없는 상태에서 의사는 수술을 해야 된다고 권했다.

“올림픽에 지면 너무 후회가 심할 것 같다.”며 “지금부터 6개월만 버티면 된다. 6개월 뒤에 수술대 위에 올라가서 어떻게 되든 말든, 몸과 마음들이 앞으로 6개월만 더 쓰고 그때까지만 버텨 주었으면 좋겠다.”

런던에 가기 전 인터뷰 내용이다. 손톱이 빠지고 연골이 닳은 상태라고 한다. 진통제를 먹어가며 연습에 임해야 했고 한 팔로 싸워야 했다. 부상을 당한 몸으로 정신력과 투혼으로 이겨낸 사나이, 죽음조차 두렵지 않는 한 팔로 이겨낸 불꽃의 사나이, 괴물 같은 유도의 신동이라고들 한다.

"모든 걸 쏟아붓고 일궜다. 잘되어서 감사하다."는 말 한마디가 그의 마지막 소감이다.

'즉생필사則生必死'

이순신 장군이 임진왜란 때 한 말이다. '죽기로 싸우면 반드시 살고, 살려고 비겁하게 도망치면 반드시 죽는다.' 위기에 처한 나라를 구하라는 충신의 각오覺悟를 토로吐露한 말이다. 몸으로 하는 운동이지만 가장 중요한 것은 마음이구나! 그렇다면 우리가 사는 인생도 똑같겠다는 생각이 들었다.

2000년 시드니 올림픽 이후 12년 만에(노메달), 위기에 놓였던 우리 한국 유도를 구해냈으며 부상을 딛고 쾌거를 이룬 의지로 싸운 우리 선수들 장하다. 만만세다.

'별 생각 없이 연습하고 별 생각 없이 참가해 나중에 봤더니 금메달을 땄다는 사람은 존재하지 않는다. 금메달리스트는 금메달을 기필코 걸겠다는 꿈을 간직한 사람 중에서만

나오는 법이다.' 라고 구마가이 마사토시는 말했다.

김연아는 '조금 돌아가더라도 조금 늦더라도 내가 가고자 하는 길을 끝까지 가 보는 것, 그 끝에서 마침내 그토록 꿈꾸던 일을 이루는 것, 그것이 진짜 성공일 것이다. 그때가 비로소 생에 최고의 금메달을 목에 거는 순간이 아닐까. 나는 아직 꿈을 향해 한 걸음씩 다가가고 있을 뿐, 지금 눈앞의 목표가 내 삶의 전부는 아니다. 좀 더 멀리 보고 조급함을 버리자!' 고 말했다.

그들은 '꿈' 을 위하여 얼마나 많은 땀과 눈물을 흘렸을까? 선수들의 연기 하나하나가 감동의 드라마처럼 와 닿았다.

펜싱의 김지연도 톡톡 튀었다. 금메달 따는 순간에 대해 "아, 내가 미쳤구나, 이런 생각이 들더라."고 했다. 그 순간 김지연뿐만 아니라 경기를 보던 팬들도 따라 열광했다. 김지연은 "신아람 오심 때문에 더 독하게 악착같이 경기했다."고 말했다.

유도의 늦깎이 대기만성大器晩成한 송대남은 올림픽에 처음 출전하여 단번에 금메달리스트가 되었다. '베일에 가려진 유망주' 라는 평가에도 밖에서는 잘 알려지지 않았지만 "선수촌장님도 단장님도 만날 때마다 저보고 금메달 딸 거라고 하셨다."며 환하게 웃었다.

체조의 양학선은 세계가 놀랄 만한 기술로 우리나라 최초 사상 첫 금메달을 따냈다. 양학선은 결선 연기가 잘됐냐는 질문에 "100%"라고 답했다. "손을 짚고 날아오르는 순간 내가 깃털이 된 것 같았다."고 했다. 깃털처럼 날아간 양학선은 완벽한 기술과 착지로 금메달을 목에 걸었다. '깃털 학선' 이 됐다.

유난히 눈물이 많았던 올림픽이었다. 선수들은 억울해서 울고, 져서 울고, 이겨서, 기뻐서 또 울었다. 신아람의 눈물은 많은 팬들의 목을 메게 했다. 피스트에 걸터앉아 하염없이 눈물을 흘리고 있었다. 특별상 따위로 그 상처를 보듬을 수 없다. 신아람은 "난 특별할 게 하나도 없는 사람"이라며 "왜 내게 특별상을 주려 하느냐"고 했다. 신아람은 그저 보통의 선수, 이기고 싶고, 정당한 판정을 원하는 운동선수다.

이제 웃어야 할 때다. 떠나면서 행복할 수 있어야 할 때다. 장미란은 용상 3차 시기를 실패한 뒤 사랑스럽게 바벨을 토닥였다. 장미란은 조용히 미소를 짓고 있었다.

그 외 사격 2관왕에 진종오, 김장미, 양궁에 기보배, 오진혁, 수영의 박태환, 여자핸드볼 선수의 부상으로 아까운 동메달 탈락, 축구에서 일본에게 2대 0으로 통쾌한 승리, 손연

재는 어린 나이로 리듬체조에서 한국 최초로 올림픽 결선에 오른 뒤 5위로 입상했다. 모든 선수와 지도자들의 노고에 찬사를 보내고 싶다.

김재범 선수는 겉으로는 강인해 보이지만 내면은 따뜻하고 정도 많으며 애교도 많다고 한다. 말씨와 음색도 부드럽게 들린다. 항상 기도를 잊지 않고 고마움을 잊지 않은 선수다.

과학의 첨단을 걷고 있는 1969년 7월 21일 아폴로 11호

우주비행사 닐 암스트롱도 떠나기 전 진지한 기도를 했다고 한다.

땀과 눈물, 회한과 웃음!

"죽기를 각오한 열정이 있으면 기회는 찾아오기 마련이다."

"죽을 수는 있어도 질 수는 없다. 수사불패雖死不敗는 항상 가슴에 새기고 있다."

"훈련 중에 실핏줄이 터져서 귀 모양이 변했다. 이 귀에 제 노력이 고스란히 담겨 있죠."

김재범 선수의 찬란한 어록들이다.

우리 선수는 단체경기보다 개인 종목에 실력이 뛰어나고 성적이 우수하다. 그 이유는 무얼까?

올 여름 17일 동안 당신들이 있어 찌는 듯한 무더위를 이길 수 있었다, 당신들이 있어 긴장과 설렘이 있고 환호성과 행복이 있었다. 세계 5위의 달성은 대한민국의 자랑이고 위상을 한층 더 높였다. 한국인으로서 눈물겨운 긍지와 자부심을 느낀다.

"고생 많이 했습니다. 우리 선수들 파이팅!"

노래는 인생을 싣고

오후 3시에 집을 나섰다. 사부인과 '패티 김 고별 은퇴기념 공연' 을 관람하러 갔다. 4시 반경 많은 팬들과 음악을 좋아하는 사람들이 성산아트홀 대극장에 모여들기 시작했다. 약속대로 4시 반에 만나 입장하여 지정된 좌석 A열 74, 75를 찾아 앉았다.

"사부인, 정서방이 고맙네요. 요즘은 어떻게 지내시는지요?"

하며 서로 간단히 인사를 주고받았다.

인터넷의 힘이 크고, 편리한 세상에서 산다는 것 가슴이 뿌듯하다. 아니 축복을 받은 선택된 사람이 된 것 같은 희열

감마저 느끼게 한다. 사위가 양쪽 어머니께 효도 선물로 공연티켓을 마련한 것이다. 고마운 일이다.

대극장 이층까지 관람객들이 가득 모여, 펼쳐질 아름다운 볼거리와 선율에 모두들 눈망울이 초롱초롱하다. 5시 무대는 올라가고 환희의 축제분위기는, 개개인의 역사를 만들고 추억을 만들고 있다. 나도 가슴이 찡해옴을 느꼈다. 환호성과 열기가 덩달아 크게 퍼진다. 공연은 패티 김의 삶과 노래를 압축한 영상 상연으로 시작되었다. 〈4월이 가면〉 멜로디를 시작으로 주옥같은 노래가 메들리로 울려 퍼진다. 패티 김은 대한민국 가요계에서 영원한 디바의 전설이며 가요사를 한층 높이 올려놓은 분이다.

영상은 패티 김의 음악인생을 연도별로 흔적과 자취들을 대대적으로 소개하고, 애창곡도 멋지게 흘러나온다. 늘 듣던 음악이라 따라 부를 수 있도록 멋지게 구성을 잘하였다.

1958년부터 2012년 현재까지 54년 동안 노래와 무대를 벗삼아 한결같이 걸어온 무대인생, 마지막으로 서게 되는 이별 콘서트 "많은 사랑과 관심으로 영원한 친구가 되어 주세요."라며 겸손하게 힘주어 말한다.

'노래는 나의 운명, 무대는 나의 생명' 이라는 캐치프레이즈를 내걸고….

영상 소개가 끝나고 아름다운 선율과 화려한 무대는 시작되었다. 진한 빨간색 드레스 차림의 은빛 머리, 그녀를 보자 관람객들의 박수 소리가 메아리가 되어 울려 퍼진다. 〈초우〉 〈사월이 가면〉 〈사랑하는 마리아〉 〈이별〉 등 분위기 있는 노래를 부를 때는 내 마음이 하얀색으로 변하는 것 같았다. 고희가 훨씬 넘은 75세 나이에도 에너지가 넘치고, 사이사이 노숙한 인생담은 여유가 철철 넘쳐흐른다. 노래가 끝날 때마다 환호와 우렁찬 박수 소리가 넘친다. 마지막 공연이라 생각하니 관람객인 나 자신도 마음이 숙연해진다.

공연을 보면서 패티 김의 가창력과 관객을 보듬는 듯한 무대매너에 놀랐다. 어느 공연에 못지않게 화려하게 잘 꾸며졌고 무대를 장악하는 능력에 절로 감탄사가 나왔다. 그리고 6, 70세 연령의 관객을 보면서, '6 · 25전쟁 이후 대한

민국을 구하기 위해 청춘을 바친 분들이구나. 패티 김과 함께 지난 세월 동안, 같이 행복을 느끼고 불행을 달랜 동시대의 세대였구나.' 다른 공연장에서 느꼈던 것과 달리 '인생'의 의미를 되새기게 돼 눈시울마저 촉촉이 젖었다.

공연 중에 "여러분 도와주세요. 같이 노래 불러요." 무반주로 관객들의 떼창을 유도하는 명장면이 나왔다. 관객과 가수가 혼연일체가 되어 양손을 높이 흔들며 노래하고 위로하고 사랑하는 순간엔 그야말로 감동이 극에 달하는 것 같았다. 엔터테인먼트entertainment가 아닌 '감동의 인생'을 깊숙이 느꼈으며 이런 공연을 다시 볼 수 있을까 하는 생각이 들었다. 그 어느 때보다 섹시하고 정열적인 모습으로, 그간 음악으로 함께 울고 웃었던 팬들과 감격하며 추억을 곱씹었다.

패티 김은 1959년 발표한 데뷔곡 〈사랑의 맹세〉를 포함한 히트곡 메들리를 선보였다. 종반에 접어들어 반짝이는 화이트 드레스에 가운을 걸친 그녀는 〈서울의 모정〉을 부를 땐, 대형 가수답게 무대를 휘잡고 펄쩍펄쩍 뛰어다녔다. 〈사랑이 영원히〉를 부르다가 무대 한편에서 눈물을 흘리기도 했다. 하지만 팬들은 뜨거운 박수로 그녀에게 힘을 불어넣었고, 그녀는 다시 감정을 추스르고 열정적인 무대를 이어나

갔다.

앙코르 곡은 패티 김의 노래 인생을 대변하는 프랭크 시나트라의 〈마이 웨이〉였다. 노래를 마친 뒤 한참 동안 무대를 떠나지 못하고 관객들과 일일이 눈빛을 맞추며 인사했다. '붉게 물드는 황홀한 석양빛처럼 아름다운 마지막을 꿈꿨다.' 던 은발의 디바는 그렇게 은퇴 무대를 장식했다.

음악은 우리의 마음을 포근히 만들고 희망과 행복을 샘솟게 한다. 소리는 청력을 통해서 오감을 느끼게 하는 오묘한 음音의 미학이 있다. 아름다운 멜로디는 우울한 마음도 치유治癒한다. 음악은 세계를 친구로 만들고 소통, 통합, 평화도 가져온다. 멀리서 자연의 소리, 마음의 소리도 잔잔하게 들려온다.

2시간 반 동안 우리를 즐겁게 해준 노래의 여왕, 무대의 여왕, 패티 김을 뒤로하고 사부인과 저녁을 먹고 버스에 몸을 실었다.

나에게 들려주는 노래 한 가락

승은아!

가을은 청명하여 파란 구슬이 돌돌 굴러가는 것 같구나. 계절이 바뀌고 온 세상이 오색 등불처럼 울긋불긋, 갈바람이 나뭇가지를 스치고 지나간다. 갓 시집온 새색시와 같이 마음이 무척이나 설레는구나.

승은이는 어릴 때부터 남에게 지기를 싫어하고 샘이 많은 편이었지. 매사에 철두철미徹頭徹尾하며 세밀한 성격으로 철저한 완벽주의자라고나 할까. '같은 값이면 다홍치마' 란 속담같이 이왕이면 최선을 다해서 남에게 인정받는 사람이 되고 싶었다. 흔히 근본적인 체질과 성격은 변하지 않는 다고 이야기들 하지. 세월이 많이 흐른 지금도 도전하고 끝까지 최선을 다하는 성격은 별로 변하지 않은 것 같구나.

그런 성격 때문인지 어릴 때부터 '너는 선생님이 되어라' 하는 소리를 자주 들었다. 처음에는 부모님이나 친척들이 건성으로 하는 이야기로 흘려 버리며 유년 시절을 보냈다. 하지만 말이 씨앗이 되었던지 교육대학을 가게 되고 반평생을 교직에 몸담아 이제까지 살아왔구나.

사춘기 시절에는 키가 작아 열등의식에 사로잡혀 살맛이 나지 않을 때가 있었지. 조금만 더 키가 컸으면, 조금만 더 예뻤으면 하는 생각들이 승은이를 주눅 들게 만들었단다. 아무리 노력해도 외모는 고칠 수가 없어서 더 좌절했다. 그러나 외모는 나의 일부일 뿐 전부가 아니라는 생각을 하게 되었지. 학과 공부에 취미가 붙고 우등생 소리를 들으면서 자신에 대한 자신감을 갖게 되었단다.

교직생활을 할 때 일이었다.

교실환경을 꾸미거나, 집안을 아기자기하게 꾸미고 정리정돈하는 것을 무척 좋아했다. 한 번은 교실환경을 꾸미는 시간에 명단 56개를 동그라미 모양으로 가위로 선을 따라 잘랐지. 흔히 고학년이나 모자님들의 협조를 구할 수 있는 일도 남에게 맡기지 않고 아이들의 가슴에 달아줄 예쁜 명단을 손수 만들었단다. '제 손이 제 딸이다' 라는 마음으로 꼼꼼하게 만들었지. 승은이는 모든 생활에 세심함을 자랑삼아 살아왔단다. 그러나 때로는 융통성이 부족하고 다소 이기적인 단점이 있었지. 지나치게 철저하고 집념이 강하다 보니 다른 사람과 쉽게 친해지지 못한 면도 있었단다. 그래서 나이가 들면서 세상에 좀 더 너그러워져야겠다는 생각을 많이 했다.

또한 작은 키로 인한 콤플렉스에서도 많이 벗어난 편이다. 나이가 들면 외모는 그저 비슷해지는 것 같고, 풍기는 인상과 분위기가 더 중요한 것 같구나. 사람은 각자 가지고 있는 장단점이 있지. 장점도 지나치면 단점이 되고 단점을 잘 다스릴 줄 알면 장점으로 만들 수도 있다고 생각한다. 그래서 성격의 단점을 극복하고 좀 더 부드러운 사람이 되려고 노력하고 있다. 또한 장점을 살려 남에게 베풀고, 인내하고, 즐겁게 살려고 애를 쓰고 있단다.

세계의 영웅 나폴레옹도 키가 157㎝이며 우리나라를 잘 살게 만든 박대령도 단신이다. 큰 나무 밑에 반짝반짝 웃고 있는 들꽃들도 자기의 모습을 자랑한다. 승은이는 항상 앵매도리櫻梅桃李의 원리와 변독위약變毒爲藥 정신으로 나의 결점을 승화시켜 나가고 있다.

아담한 키는 승은이를 성숙하고 강하게 만들었고 '작고 볼품없는 못난이지만 반듯이 해낸다' 라는 슬로건을 되뇌며 열심히 도전하고 있다. 도전 후의 희열감과 성취감은 승은이를 행복하게 만들고 희망의 나래를 펴게 만들었단다.

승은아,

요즈음은 실버를 위한 취미활동을 할 수 있는 공간이 많아졌구나. 많은 사람을 만나 정보도 교환하고 평생교육에 부응하는, 배우면서 살아가는, 폭넓은 인생을 살기 위해 노력하자꾸나.

오늘따라 익어가는 가을 햇살에도 포근한 행복을 느낀다. 알알이 벌어지는 밤송이가 톡톡 튀고 있네.

꽃들의 대화

우리 아파트에는 산책로가 있다. 좁은 길이지만 제법 나무가 우거져 바람 소리에 새소리도 실려 온다. 나는 이 길을 '호젓한 나만의 길' 이라고 명명하고 싶다.

이른 봄 따뜻한 기운을 받아 발밑의 새싹들이 뾰족이 고개를 내민다. 이런 봄소식은 눈에도 보이고 귀에도 들리고 온몸에 혈맥과 전율이 느껴진다. 내 몸에서도 새싹이 돋아나 더 젊어지는 것 같다.

"민들레야, 잠에서 깨어났니?"

"그래. 방금 일어났어. 긴 잠을 자다보니 몸이 뻐근하구나."

제비꽃과 민들레는 서로 인사를 반갑게 나누고 기지개를

쭉 편다. 다른 들꽃 친구들도 도란도란 속삭이고, 새봄 찬가를 부르는 소리도 들린다.

나는 운동을 다니며 들꽃들을 자주 만난다. 대화도 나누고 친구가 되기도 한다.

"들꽃들아, 안녕. 반가워!"

"옥이 언니, 오늘도 운동하러 가나요?"

"그래, 운동 다녀올게!"

며칠이 지나 산책길에 그네들을 다시 만났다. 어느새 긴 자루 모양의 연약한 잎이 몇 장 더 생기고, 생글거리는 그 모습이 사랑스럽다. 키가 큰 목련, 매화, 산수유가 꽃 피울 때, 땅강아지마냥 앉아 있는 들꽃들도 앞다투어 신나게 노래를 부르며 제 모습을 꽃피운다.

동전만 한 노란 민들레가 톱니바퀴 속에서 뱅뱅 돌고 있다. 자주색 제비꽃은 다섯 장의 꽃잎이 나비가 되어 나풀나풀 춤추고 뒤쪽에는 꿀주머니가 숨바꼭질한다.

어릴 때 고향 생각이 난다.

강변 둑 노란 민들레가 홀씨 되어 폴폴 날아가고, 클로버를 뜯어 가락지며 시계를 만들어 끼고 깔깔거리며 데굴데굴 뒹굴었지. 그때 같이 놀던 친구들은 이제 모두 나이가 들어

황혼을 맞이하겠구나. 어디서 어떤 모습으로 살고 있는지 새삼 그리워진다.

민들레는 큰 나무 밑 화단에서 놀고 있다. 그런데 제비꽃 하나가 구멍 난 보도블록에 갇혀 울고 있는 것 같았다.

제비꽃의 보랏빛 뺨이 파르스름해져서 민들레를 바라보았다.

"민들레야, 너는 푹신하고 아늑한 곳에서 사는구나."

민들레는

"너는 왜?" 하고 되물으니

"나의 집은 사람이 다니는 딱딱한 길바닥이잖아. 사람들이 밟으면 몸이 아플 때가 많단다." 하며 힘없는 목소리로 말했다.

민들레는 깜짝 놀라며,

"친구야 미처 몰랐구나. 미안해! 미안해!"

민들레는 제비꽃을 위로하면서,

"올해에는 그대로 살아야겠구나. 아프고 고통스럽지만…."

'내년에는 내 옆에 있는 토끼풀과 의논하여 좋은 곳으로 이사를 하도록 힘쓸게. 그리고 체육장에 운동하러 가는 옥이 누나가 계시잖아. 인정도 많은 분이셔. 좋은 곳으로 옮겨

심도록 부탁할게.'

민들레는 마음속으로 친구를 많이 걱정했다.

"민들레야 고마워! 올해는 힘들어도 참을게! '인내는 쓰지만 열매는 달다.' 란 말이 있잖아? 희망을 가질게."

"나도 실은 큰 나무에 가려 그늘에 살거든, 햇빛도 그립고 가끔 추울 때가 많아…."

민들레가 다시 힘주어 말한다.

"살다보면 불평할 때가 있고 우울할 때가 많지. 참고 견디면 반드시 좋은 날이 올 거야."

이야기를 듣고 있던 나는,

"삶이 그대를 속일지라도/ 슬퍼하거나 노하지 말라/ 우울한 날들을 참고 견디면/ 기쁨의 날이 오리니, 푸슈킨의 〈삶〉이란 시 일부분이야. 들꽃들아 용기를 내!"

나는 주먹을 불끈 쥐고 힘주어 말했다.

봄도 뉘엿뉘엿 서산마루에 걸려 있다.

들꽃들아, 키가 작고 힘이 없지만 나만이 가지는 특성과 장점이 있을 거야. '앵도매리櫻桃梅梨' 의 원리를 찾아 자기답게 개성을 최고로 발휘하자꾸나.'

멈추지 않는 용기

사람은 저마다 생긴 모습이 다르다. 아니 모든 만물은 다 자기만의 색깔과 특성을 가지고 있다.

나는 얼굴이 계란형으로 눈코입은 그런대로 오목조목하게 생긴 편이다. 코는 복이 있다는 복코쯤 되어 보이고 눈은 가는 쌍꺼풀이 있는데 나이가 들고 보니 왼쪽 눈은 눈꺼풀이 약간 처져 애꾸눈을 연상케 한다. 얼굴 전체 균형도 눈 때문에 균형이 맞지 않는 것 같다. 항상 마음에 걸리는 나의 짝눈 모습이다.

입은 두툼해서 못생긴 입술이라고 생각했는데 요즈음은 오히려 앵두 같은 입술보다 도톰한 입술이 정감이 가는 편이라니, 외출할 때마다 입술 그리는 재미도 쏠쏠하다. 귀의 생김새는 95점을 주어야겠다. 다른 사람들에게서 귀가 예쁘다는 소리를 많이 듣는 편이다.

많았던 머리숱도 세월을 따라 많이 빠지고 이제는 보기가 싫을 정도다. 피부는 좋다고들 하나 삶의 계급장 같은 주름살은 이겨낼 수 없는 것이 자연의 섭리이다. 서글픈 세월의 무상함은 눈가에 잔잔한 이슬을 맺게 한다.

나에게는 평생 안고 가야 하는 결점이 두 군데가 있다. 목이 짧고 키조차 작아 항상 열등감에 사로 잡혀 자신을 속 시원히 표현하지 못할 때가 많았다. 사춘기 때는 키 때문에 지나친 고민으로 극한상황까지 생각하게 된 때도 있었다. 그런 갈등 속에 고민을 하다가 '키는 작으나 공부나 열심히 하자.' 며 위기를 극복하고 공부에 취미를 붙이게 되었다.

사람은 누구나 열등감을 가지고 살아간다. 열등감은 자신을 남보다 못하거나 무가치한 사람으로 낮추어 평가하는 감정을 뜻하는데 우리가 일상생활에서 자주 사용하는 콤플렉스와 비슷한 의미를 가진 용어이다.

세계적으로 유명한 어느 심리학자의 주장에 의하면 현대인들의 95%가 열등감이라는 질병에 시달린다고 한다. 많은 사람이 열등감 때문에 위축되어 살아가면서 자신의 가능성

과 능력을 발휘지 못하고 불행해 한다. 다만 차이가 있다면 열등감을 승화시킨 사람과 그렇지 못한 사람으로 구분된다는 점이다. 열등감에 사로잡힌 사람은 심사가 꼬여 있고 상대방을 피곤하게 한다. 하지만 심리학자 또는 심리상담사들은 열등감이 인간의 삶을 발전시키는 힘이 될 수 있다고 말한다.

요즘 방송에서 자신의 콤플렉스를 극복한 사람들의 경우를 보곤 한다. 지난번에는, 앞을 못 보는 어떤 남자가 온갖 악기를 탁월하게 연주하는 모습을 보았다. 그에게 어떻게 이렇게 잘하느냐고 묻자 그저 남보다 더 열심히 연습했기 때문이라고 했다. 그는 신체적인 결함을 극복하여 많은 사람들에게 기쁨을 주고 모범이 되는 사람이 되어 있었다.

그런 사람들을 보면 나의 열등감은 아무것도 아니다. 심지어 그런 사람들에 비해 배부른 소리로 들리기도 한다. 물론 개인이 지닌 열등감과 그 상처는 다른 것과 절대적으로 비교될 수 있는 것이 아니다. 그러나 생각하기에 따라 그 열등감의 정도는 달라질 수 있다. 적어도 열등감 때문에 자신을 불행하게 만들고 타인을 피곤하게 하는 어리석음은 범하지 말아야겠다.

큰 나무 밑에 반짝반짝 웃고 있는 들꽃들도 자기의 모습을 자랑한다. 큰 나무는 큰 나무대로 자기 역할이 있고 작은 들꽃은 그대로의 아름다움이 있다.

나는 항상 앵매도리의 원리와 변독위약 정신으로 나의 결점을 승화시켜 나가고 있다. 아담한 키는 나를 성숙하고 강하게 만들었고 '작고 볼품없는 못난이지만 반드시 해낸다.'는 슬로건을 되뇌며 열심히 도전하고 있다.

요즈음은 내 열등감을 극복하는 방법 중 하나가 글쓰기이다. 글쓰기를 통해 마음을 치유하고 감동과 설렘을 느껴 보자고 스스로에게 다짐해 본다.

등단하는 날

오늘은 수필 신인상을 받으러 가는 날이다. 딸과 함께 7시 40분발 서울행 고속버스에 몸을 실었다. 동행하는 딸은 미리 준비한 축하 꽃다발을 애지중지 들고 놓지 않는다. 시상식장에서 나를 기쁘게 하기 위하여 힘들게 들고 있는 모습이 고맙게도 보이고 미안하기도 했다.

나중에 알고 보니 꽃배달은 전국에 연락망이 되어 있어 마산에서 꽃집에 의뢰하면 싱싱한 꽃을 서울서 받을 수 있었다. 경험이 없어 딸아이가 고생을 좀 했다. 날씨가 춥고 눈이 온다는 예보에 다소 걱정이 되어도 그저 어린아이처럼 즐겁고 가슴이 벅차기만 했다. 차창을 바라보니 문학관에서 공부를 하던 시절이 추억처럼 그려졌다.

5년 전에 노비산의 마산문학관 강좌에 다니게 되었다. 매주 목요일 창작교실이 시작되었고 수강생들에게 돌아온 과제는 '자서전 쓰기' 였다. 당시 나는 문학 분야에선 문외한이었다. 특히 자서전을 쓴다는 것은 생각조차 해 본 적이 없었다.

자서전은 각자의 생애를 적는 자기 이력서와 같은 내용이 아닌가. 처음엔 내가 쓸 수 있을까 자신이 없었지만,

"어렵게 생각하지 마세요. 살아오신 일들을 생각나는 대로 쉽게 쓰면 됩니다."

라는 말에 용기를 내어 자서전을 쓰기 시작했다. 나에게 던지는 질문, 유언장 쓰기, 추도사, 내 마음의 그림, 나의 소개 등 항목에 따라 숙제를 제출하고 발표하는 식으로 나의 생애를 그려 나갔다.

자기가 걸어온 발자국을 글로 옮긴다는 것은 어려움이 있지만, 한편으로는 내 어릴 때의 모습을 돌이켜보고 함께했던 사람들도 떠올리며 글을 쓰는 과정이 재미있기도 했다. 무엇보다 내 인생을 되돌아보는 것이 무척 소중한 일이라는 생각이 들었다.

10주 동안 열심히 쓴 결과물이 탄생되었다. 내 자서전의 주제는 '도전과 포기하지 않는 열정으로 살련다.' 였다.

퇴직하고 신마산 가고파문화센터(현 합포도서관) 3층에서 시에서 주관하는 시민을 위한 무료 컴퓨터 교육을 받은 것이 큰 힘이 되었다. A4 용지에 한 자 두 자 워드를 치며 예쁜 그림과 가족사진을 넣어서 한 권의 예쁜 자서전이 탄생되었다. 내 손으로 만든 고작 47페이지의 서투른 문장이지만, 알알이 박힌 나의 인생 일대의 흔적들이다. 나는 이 흔적들을 제본하여 책으로 엮었다.

종강식 때에는 '창작교실 자서전 쓰기 발표회' 도 개최했다. 제일 먼저 발표를 했다. 《도민일보》에 사진 한 장과 글도 실렸으니 예상치도 않던 일들이 생겨 마냥 기뻤다. 내 손으로 만든 자서전 두 권 중 한 권은 딸에게 선물했다. 이 자서전은 내가 만든 소중한 내 인생의 발자취이다. 읽고 또 읽어도 지루하지 않고 가슴 설레는, 재산 목록 제1호가 되었다.

2008년 자서전 쓰기에 이어 2009년 시낭송교실, 2010년 시 창작, 2011년 동화 창작 교실, 2012년 다양한 글짓기 공부를 했다. 5년 동안 문예창작에 몰두하여 '글쓰기 삼매경' 에 흠뻑 빠져 있었다. 2011년에는 시 쓰기보다 동화 쓰기에

정말 꿈같은 일이었고, 운수 대통이었다.
5년 동안 공들여 쌓은 탑이라
한량없는 기쁨이, 샘물 솟듯 솟아났다.
하지만 나 자신을 송두리째 드러내었다 싶으니
부끄럽기도 했다.

재미를 붙이게 되었다. 동심의 세계에 빠져들어 옛 어린 제자들을 떠올리며 글을 쓰기도 했다.

동화 작가 김문주 선생의 강의에 매료되어 열심히 수업을 듣고 다섯 편의 동화를 썼다. 수업 시간에 내 작품을 발표하면서, 이야기를 만들고 함께 감동을 나누는 기쁨이 무엇인지를 알게 되었다. 그리고 글쓰기에 조금씩 자신이 붙기 시작했다.

2012년에 들어서 송창우 교수의 글쓰기와 병행하여 경남대학 평생교육원 수필 초급반을 수료하고, 후반기에는 수필 전문반에 등록하여 수강을 했다. 교수에게 글 몇 편을 지도받았다. 일부 수정을 해 주시고 말미에 빨간 글씨로 "잘 썼어요" "참 좋습니다"라는 소감과 칭찬을 곁들여 주었다.

나는 강의 종반에 용기를 내어 "교수님, 저의 글솜씨가 못 미칩니다만 추천해 주십시오. 열심히 하겠습니다."라고 하였다. 교수의 성원에 힘입어 2012년 11월 《한국수필》에 등단하게 되었다. 정말 꿈같은 일이었고, 운수 대통이었다. 5년 동안 공들여 쌓은 탑이라 한량없는 기쁨이, 샘물 솟듯 솟아났다. 하지만 나 자신을 송두리째 드러내었다 싶으니 부끄럽기도 했다.

강남고속터미널에 내려 지하철을 약 30분 가량 탄 후 밖에 나오니 함박눈이 우리를 맞이해 주었다. 시상식 시간이 3시 반인데 12시에 도착했으니 너무 서둘러 왔나 싶었다. 중구 구민회관까지 10분 거리다. 예쁘게 머리를 했는데 우산을 준비해 오지 않아 머리는 물에 빠진 생쥐꼴이 되었다. 점심을 먹고 환담을 나누다가 구민회관에 도착하니 주최 측 사람들이 우왕좌왕 몹시 바빴다. 우리가 제일 먼저 도착하였다.

"한국수필 하반기 시상식 및 송년회" 현수막을 보자 다시 마음이 들뜨고 한편으로는 이 자리에 내가 있다는 사실이 뿌듯하기도 했다. 서울에서 개최하는 시상식은 처음이라 어안이 벙벙했다. 시상식 시간이 다가오자 문인들이 하나 둘 모여들기 시작했다. 그들의 모습은 어딘지 나보다 세련되어 보이는 것만 같았다. 그것은 겉모습이 아름답기 때문이 아니라 오랫동안 글을 써 온 사람들에게서 풍기는 매력 때문이었다.

눈이 와서 참석하는 문인들이 적지 않을까 했는데 식장은 곧 가득 메워졌다. 시상식 내용은 청향문학상, 해외한국수필문학상, 연암기행수필문학상, 올해의 수필작가상, 인산수필 신인대상 등이었다.

후반기 신인상 23명 중에 대상을 받은 〈내 낡은 구두에게 물어봐〉 〈소금봉지〉는 흔하지 않는 감동적인 작품이며 관찰력과 생각이 깊은 작품이라고 생각되었다.

이제 새내기로서 늦은 감이 있으나, 열심히 도전해서 나만의 길을 개척하고 싶다. 기존 수필가들을 보니 부럽기도 하고 내 자신이 작아 보이기도 했다. 그러나 사람이 제각각 다르듯이 글도 다르다. 누구보다 뛰어난 글을 쓰겠다는 욕심은 없다. 그저 나만의 빛깔이 있고, 누군가 내 글을 읽고 감동을 받을 수 있는 그런 글을 쓰고 싶다. 나이 들어가면서 내 나이만큼 글도 성숙해지면 더 좋겠다. 그리고 글을 쓰려고 노력하는 과정이 나를 더 성숙하게 만들어 줄 것이리라 믿는다. 용기를 가지고 많이 읽고 써서 의연한 수필가가 되고 싶다.

사 위

"따르릉." 핸드폰에서 알람종이 울린다. 나를 깨우는 소리에 퍼뜩 눈을 뜬다.

반찬이 있는 날이면 7시, 반찬이 없어서 새로 만들려면 6시에 일어나야 한다. 우리 사위는 생선을 무척 좋아한다. 아마 외갓집이 바다가 인접한 삼천포라서 그런지 어릴 때부터 길들여진 식성인가 보다.

우럭, 돔, 회, 조개 종류까지 두루 좋아하는 편이지만 특히 마산 어시장에 나는 민어 조기를 아주 잘 먹는다. 한 마리 굽거나 쪄 놓으면 금방 밥 한 공기 뚝딱이다. 내가 간혹 우스갯소리로 '조기 킬러' 라고 하며 한바탕 웃기도 한다.

장모가 요리 솜씨가 있는 것도 아닌데 남기지 않고 맛있게 먹어 주는 것이 고맙기도 하다.

우리 사위는 마산에서 자랐지만 직장을 따라 지금은 동해 바다가 보이는 포항에서 살고 있다. 그런데 회사의 발령에 따라 지난 연말부터 창원공장 현장에서 파견 근무를 하고 있다. 어머니가 계시는 양덕동에 두 달쯤 있다가 사정이 여의치 않아 내가 사는 교방동에 같이 있게 되었다.

처음은 서로가 계면쩍었지만 차차 새로운 정도 생기고 불편했던 마음도 적응되어 갔다. 나는 다리가 불편하고 몸이 안 좋아 힘든 일은 못 하지만 이삼 개월 정도 지나니 생활 패턴이 다소 다르고 일찍 일어나야 된다는 긴장감도 있었지만 즐거운 마음으로 같이 생활하게 되었다.

옛말에 '사위는 백년손님이요, 며느리는 종신 식구다.' 라고 했다. 사위는 한평생을 어려운 손님으로 맞아주고 며느리는 죽어도 내 집 식구라는 뜻이다. 사위 미워하는 장모는 없으나 며느리를 마음에 들어 하고 예뻐하는 시어머니는 흔하지 않는 것 같다.

옛날부터 내려오는 말이지만 수긍이 가는 부분도 많다. 지금은 사회구조가 바뀌고 핵가족화됨에 따라 부모와 따로 사는 경우가 많다. 옛날 대가족제도의 갈등은 많이 없어진

듯하다.

우리 사위는 장점이 많은 것 같다. 큰 손녀가 16세이니 딸과 결혼한 지도 17년, 세월이 꽤 오래되었다. 처음 결혼했을 때는 정이 안 들어서 그런지 인사성도 부족한 것 같고 무뚝뚝하여 쉽게 마음이 열리지 않았다.

이제 많은 세월이 지나고 나니 아들 하나 얻었다는 생각이 들고, 우리 딸과 가정을 지켜주는 수호신이라 생각하니 항상 마음이 든든하다. 행사 때는 빠지지 않고 안부 전화해주고 간혹 경치 좋은 곳도 구경시켜 주기도 한다.

석 달 동안 같이 있으면서 아침밥 한 끼와 빨래해 주는 일이 고작인데 '잘 먹었습니다. 다녀오겠습니다. 다녀왔습니다.' 늘 인사도 안 빠진다. 퇴근할 때면 딸기, 토마토 등 과일을 사 들고 들어오는 모습은 기특해 보였다.

혼자 지내다 사위가 와서 불편하지 않을까 했는데, 오히려 내가 사위 덕을 보게 된 셈이었다. 아침이면 은근히 좋은 반찬을 해주고 싶고, 저녁이면 사위 오는 시간이 기다려지기도 했다.

어떤 날은 일찍 들어와서 이런저런 이야기보따리를 늘어놓기도 했다. 과일을 깎아 먹으면서 사위의 이야기를 듣고 있으면 이 시간이 새롭고 소중하다는 생각이 들었다. 사위가 우리 집에 오지 않았다면 이런 다정한 시간을 보내지 못했을 것이다. 사위는 내게 고맙고 신세를 졌다고 하지만, 사실 내가 사위 덕분에 다정스럽고 의미 있는 시간을 얻었다.

하루는 딸아이에 대한 이야기를 했다.

"경심이는 착합니다. 자기 할 일에 최선을 다합니다. 누구와 살아도 잘 살아갈 수 있는 사람입니다."

그 말은 마누라를 자랑하는 말이었지만 꼭 나를 칭찬하는 말 같았다. 그런 말을 수더분하게 할 줄 아는 사위이니 딸보다 사근사근한 면이 있는 것 같았다.

젊은 사람이 자기 생활 방식도 있어 어쩌면 내 집에서 불편한 구석이 있었을지 모른다. 그러나 불편한 티 하나 내지 않고 언제나 고맙다고만 했다.

사위는 창원에서의 임무를 무사히 수행하고 포항 직장으로 돌아갔다. 이제 아침에 늦잠을 자도 된다. 하지만 챙겨줄 사위가 없어 조금 아쉬운 마음이 들었다. 사람의 정이란 그런 것인가 보다.

세상만사 희로애락은 자기가 만드는 것이라고 한다. 우리 사위는 무엇보다 경심이를 사랑하고 가정 잘 지켜 주어 항상 고맙게 생각한다. 나는 그동안 사위한테 특별히 한 일이

별로 없었다. 사위 사랑은 장모라 했지. 이번에 포항 가면 시원한 여름 셔츠 하나 선물하고 싶다.

올여름에는 경치 좋은 곳에 여행 한번 갔으면…. 하고 나의 조그만 소망을 전하면서.

제2장
아이들에게

동화

떠들썩한 체육장

장미아파트 뒤편 체육장에는 운동을 하는 사람들이 많다. 운동 기구 몇 개가 제법 인기가 있어 어른 아이 할 것 없이 땀을 뻘뻘 흘리며 열심히 운동을 한다. 체육장에서 공을 차거나 배드민턴, 족구를 하기도 한다. 운동 기구에 매달려 안간힘을 쓰는 사람들을 위해, 잎이 넓은 플라타너스 여섯 그루는 가끔 온몸을 흔들어 바람을 보내주기도 하고 그늘도 만들어 준다.

아장아장 걸음마하는 아이를 사랑스럽게 바라보는 젊은 부부도 있고, 영감님은 집에 두고 오신 건지 혼자 사시는 건지, 반백의 할머니들 서너 명이 벤치에 앉아 며느리와 딸 이야기, 손자 재롱 이야기에 여념이 없다.

할머니 나이만큼 먹은 플라타너스가 우람한 목소리로 한마디 한다.

"허허, 오늘도 짙은 그늘 아래 할머니 할아버지 편히 쉬시는 걸 보니 내 마음이 흐뭇하기 짝이 없구나."

밑에 앉아 있는 벤치가 거든다.

"그래 우리도 좋은 일을 하고 있으니 항상 즐겁구나."

벤치가 측은하게 다시 말한다.

"어제는 어떤 할머니가 벤치에 비스듬히 앉아, 아픈 다리를 만지며 하던 안타까운 이야기를 들으니 마음이 무척 아팠단다."

2년 전에 산에 갔다가 넘어져 수술을 했는데 지금은 많이 나은 편이지만 가족여행도 같이 가지도 못하고….

"내 다리야, 내 팔자야, 늙으면 죽어야지 쯔쯔쯔…."

하며 신세타령을 하고 있었다.

이웃집 미장원 50대 아줌마의 뇌출혈로 쓰러진 이야기, 세상살이 이야기에 시간 가는 줄도 모른다.

운동 기구들도 수군거린다.

'자전거' 가 말한다.

"나를 찾는 사람들은 젊은 사람이 많고 어린 친구들도 의 외로 많았어. 오늘도 남을 위해 봉사를 열심히 했지. 흐뭇했단다. 그런데 꼬마 개구쟁이 순돌이가 돌로 내 몸을 딱딱 때리는 거야. 너무 아파 머리가 터질 것만 같았어."

밝았던 얼굴이 찡찡거리며 푸념을 늘어놓는다.

옆에 있던 '평행대'가 고개를 끄덕인다.

"저런, 사람들이 우리를 소중히 여길 줄 알고 고마움을 알아야지. 그러면 안 되지. 우리를 아프게 하면 벌 받아야 돼."

점잖게 말하면서 멋진 할머니 자랑도 빼놓지 않는다.

"어떤 60세 중반 할머니가 하나, 둘, 셋…. 윗몸 일으키기 35개는 꼭 하고 일어나지. 힘이 들어도 꾹 참고 말이야, '평행대야 고맙다' 나의 몸을 쓰다듬어 주고 가시거든. 이렇게 친절하고 멋진 할머니가 오시면 기분이 참 좋아."

다른 운동 기구들도 하루하루 지낸 소감을 말하고 웃고 깔깔대며 떠들썩하다.

팔 힘을 기르는 '링 돌리기' 친구는

"연세가 많으신 분들이 나를 찾아오신단다. 아무래도 팔 힘이 약한 분들이 좋아하는 가벼운 운동이니까."

그런데 링 뒤쪽에서 기어오르는 개구쟁이가 신나게 재주놀이에 여념이 없다. 아슬아슬하여

"이놈! 내려와 위험해."

할머니가 큰소리로 타이른다.

말을 듣지도 않고 내려올 생각이 없다. 내가 왕이 된 듯 높은 곳에서 곡예놀이에 한창이다.

'메롱 용용 죽겠지 할머니' 라고 할머니를 놀리는 것 같았다.

어떤 아저씨가 다가가 아이를 끄집어 내렸다. 아이는 골이 나서 엉엉 울어댄다.

모든 운동기구 가족들도

"순돌아, 울음 그쳐, 다음부터 위험한 놀이를 하면 안 돼." 하고 달랬다.

저쪽 가에 있는 '흔들이' 가 계속 우는 순돌이를 데려다 흔들이를 태워 주며

"조심해야지."

엉덩이를 쓰다듬어 주며 '흔들흔들 우리 순돌이 착한 순돌이 흔들흔들' 노래를 불러 주었다.

다리 힘을 길러 주는 '뱅뱅이' 도 경험담을 늘어놓는다.

"난 어떨 때는 머리가 어지럽고 정신이 없을 때가 있단다. 고놈의 개구쟁이들이 어찌나 빨리 돌리던지."

뱅뱅이는 매일 걱정이다. 오늘도 머리가 뱅뱅 돌까봐 무척 긴장이 된다.

"뚱뚱하고 살이 찐 남자 애와 아주머니가 앞뒤로 서서 돌

리기 시작했단다."

서로 내기를 하는가 싶더니 살이 찐 아이가 마구 속력을 내서 돌리기 시작했다.

"아이쿠 나 살려, 머리가 뱅글뱅글 '찌이익' 번갯불이 번쩍! 나는 기절하고 말았어."

뱅뱅이는 더 이상 돌아가지도 않고 멈추고 말았다.

모두 한숨을 내쉬며, 아홉의 식구들은 이구동성으로 '기구사용 설명회'를 열어야 되겠다고 의견을 모았다.

'콩콩이'도 한마디한다.

"친구들아, 모두 나에게로 집중해 보렴, 기구 사용도 문제이지만 담치기, 쓰레기 아무데나 버리는 것도 심각한 과제란다, 다같이 동장님께 건의하여 살기 좋은 마을을 꾸미는데 동참하자!"

아아, 마이크 시험 중입니다.

아아, 딩동댕!

우리 동네 연두색 '철망울타리' 이장입니다.

알립니다. 체육장 환경 개선에 대해서,

첫째, 입구에 쓰레기 자루가 있으니 지정한 쓰레기통에 버립시다.

둘째, 고마운 운동 기구를 마구 잡고 흔들고 망가뜨리는 어린이 친구들아, 우리는 너무 너무 아프단다.

셋째, 담장에도 월담이 잦아 파손이 빈번하게 일어나고 있습니다. 도둑고양이가 되지 맙시다.

넷째, 얼마 전에 기구 아홉 개를 완전 수리했으니 체육장을 사랑하고 아껴 씁시다. 건강은 나의 재산이고 체육장은 우리 모두의 재산입니다.

공고된 대로 설명회에 동참합시다.

마을 주민들 건강하십시오.

길가 울타리에 잔뜩 핀 초여름의 장미꽃도 붉게 타오르며, 서서히 넘어가는 저녁노을을 바라봅니다.

우리 동네 건강 선율 오케스트라가 아름답게 멀리 멀리 퍼져 나갑니다.

설식이와 꿀병이

우리 집 주인은 요리하는 것을 좋아합니다. 집안 행사가 있으면 맛있고 푸짐한 요리를 만들어 잔치를 벌이지요. 가끔 이웃 사람들과 친구들도 초대하여 음식을 대접한답니다.

그런데 우리 집 부엌에는 주인에게 사랑받는 양념통 다섯 개가 방글방글 웃고 있답니다. 저마다 독특한 맛으로 주인을 즐겁게 해 주고, 일에 대한 보람도 느끼고 있지요.

주인은 성격이 꼼꼼하고 깔끔해서 정리정돈하는 것도 좋아합니다. 그리고 요리뿐만 아니라 배우는 것을 무척 좋아해서 시 쓰기, 동화 쓰기에 매진하고 있으며 운동도 열심히 합니다. 그래서 이런저런 일로 외출이 잦은 편입니다.

오늘도 주인이 나간 뒤에 소품들이 내 세상인 양 야단들입니다.

"애들아, 우리 다 같이 모여 놀자."

텔순이가 크게 외칩니다.

소품들이 다 같이 대답합니다.

"그래그래 재밌겠다."

노래와 춤도 추고, 가지고 있는 장기 자랑도 뽐내면서 왁짜지끌 떠드는 모습이 착하고 귀엽기만 합니다.

식탁에는 병에 담긴 호두 아가씨, 땅콩 아저씨, 잣 아가씨, 사탕 아저씨도 눈이 반짝반짝 빛을 냅니다.

"오늘 주인이 만든 '땅콩 졸임' 맛있게 먹었지."

땅콩 아저씨가 데구루루 구르며 말을 꺼냈습니다.

"좀전에 나가면서 나를 호주머니에 가득 넣고 나갔단다."

사탕 아저씨도 어깨를 으쓱했습니다.

부엌 저쪽 구석 가스레인지 옆에서 소순이가 한마디 합니다.

"나는 너희들처럼 예쁘지는 않지만 하얀 얼굴을 가지고 있고, 음식 맛을 잘 내는 데 제일 중요해. 그래서 언제나 주인의 사랑을 받고 있지."

"그래, 소금이 없으면 음식 간을 할 수 없으니까."

식탁 위의 친구들이 맞장구를 쳐 주었습니다.

옆에 있던 설식이도 기분 좋게 말합니다.

"그래 맞아. 우리 주인은 '달콤한 설식아 고마워' 하면서 항상 단맛을 낸다고 칭찬이 자자해."

깨돌이도 목소리를 높입니다.

"암, 우리가 없으면 살맛이 안 난대. 나는 우리 주인을 닮아 키도 작고 몸집이 볼품없지만 볶아서 빻아 먹으면 고소한 맛이 일품이지."

키가 큰 꿀병 아저씨의 큰소리가 들립니다.

"이 세상에서 나만큼 멋있고 맛있는 친구가 있니? 주인의 피로를 싹 없애주는 친구 있으면 나와 보라고 그래."

꿀병이는 약간 거만하고 자신이 만만하게 허리를 쭉 폈습니다.

빨간 매콤이도 말합니다.

"난 색깔도 예쁘고 여러 친구들과 사이좋게 지내는 편이지. 약방의 감초 같아. 우리 주인이 제일 좋아하는 김치도 내가 없으면 못 만들어."

다섯 친구들은 저마다 주인한테 사랑받는다고 야단들입니다.

그러자 소순이가 소리를 바꾸어 각자 단점에 대해서 말해

보자고 제의했습니다.

"찬성이야, 단점은 고쳐서 더 좋은 일을 많이 해야지."

친구들 모두 고개를 끄덕이며 다 같이 동의했습니다.

"나는 맛은 일품이지만 내 동생 참기름이 있어서 조금씩 아끼고 절약을 해야 해. 몸집이 작아서 조금만 넣으면 별 맛도 안 나고 표도 나지 않아."

깨돌이가 먼저 말하자 매콤이도 시무룩한 표정으로 말합니다.

"나는 톡 쏘는 맛이 있어 입맛을 살려 주지만 매운 것을 싫어하는 사람들은 얼굴을 찡그리지. 특히 어린이들은 나를 싫어해서 걱정이야."

고개를 끄떡이며 소순이도 말합니다.

"너무 짜게 먹으면 병이 생기기 때문에 나도 요즘 별 인기가 없어. 애들도 짜게 먹는 습관은 안 좋대."

친구들 말을 듣고 있던 설식이가 입을 엽니다.

"소순이보다 내가 더 걱정이야. 맛은 최고이지만 많이 먹으면 몸이 뚱뚱해지고 당뇨에도 안 좋대. 혈압도 올라가고."

그 말에 친구들이 눈이 동그래졌습니다. 음식 맛을 내는데 꼭 필요한 자기들이 병의 원인이 될 수 있다니 충격입니다.

"그래도 나는 별로 걱정 안 해. 나는 건강식품 중의 하나지. 그래서 우리 주인은 설탕보다 꿀을 더 좋아하잖아. 식사 후에 나를 듬뿍 넣고 차를 한잔 타 마시는 시간을 우리 주인이 제일 좋아하잖아."

그러자 옆에 있던 설식이가 눈이 찢어졌습니다.

"지금은 단점을 말하는 사간이잖아. 그렇게 잘난 척만 해야겠니?"

"단점이 없는 걸 어떡해."

거들먹거리는 꿀병이의 말에 설식이가 소리를 지릅니다.

"너는 끈적끈적해서 얼마나 귀찮은 줄 알아? 저번에는 다른 병에까지 네 끈적한게 달라붙어 주인이 얼마나 화를 냈는데?"

"뭐라고? 말 다했어? 달라붙는다고?"

설식이는 꿀병이가 끈적거려서 친구들에게 피해를 준다며 소리를 질렀습니다.

보다 못한 매콤이가 둘을 말렸습니다.

"애들아, 장 속에 있는 간장 된장은 어둡고 좁은 곳에서 말없이 제 할 일을 열심히 하고 있어. 우리는 밝은 곳에서 주인의 눈길을 받는 양념이잖아. 그런데 이렇게 싸우면 되겠니?"

다른 친구들도 고개를 끄덕였습니다.

"음식 맛을 내는 데는 우리 모두가 꼭 필요해. 한 가지라도 너무 많이 들어가면 그 음식은 맛이 없어져. 다른 친구들이 맛을 잘 내도 소용없잖아."

매콤이는 점잖게 타일렀습니다.

설식이는 그 말을 듣고 자신의 인내심이 부족하다는 것을 깨달았습니다.

"꿀병아, 미안해."

"아니야, 설식아, 내가 너무 잘난 척만 했어."

꿀병이는 좀 더 남을 배려할 줄 알아야겠다고 생각했습니다.

거실에서 신나는 음악이 흘러나옵니다.

깨돌이, 매콤이, 소순이, 설식이, 꿀병이는 찰랑찰랑, 출렁출렁 오동통한 엉덩이를 흔들며 신나게 춤을 춥니다.

몸을 잘 흔들어 놔야 주인이 양념을 뿌릴 때 쏙쏙 잘 나올 수 있거든요.

음악 소리는 더욱 커집니다.

나의 결혼식

2111년 10월 13일 화창한 가을이다. 멀리 보이는 위성 3호에도 울긋불긋 단풍이 물들고 있다

거울에 비친 내 모습을 보았다. 화사한 미색 드레스, 뽀얀 살결은 백설 공주보다 더 희고, 얼굴도 예뻤다. 반짝이는 별 족두리는 월계관을 쓴 양 내 마음을 설레게 한다. 눈동자, 코, 입, 목덜미는 행복한 기운이 가득하다. 마음이 두근거리고, 가끔 가슴에서 울려 퍼지는 방망이 소리는 내 결혼 제1막을 알려 주는 것 같다.

신랑은 작은 거인으로 얼굴이 못생겼고 150센티의 단신이다. 날개는 없지만 하늘을 나는 재주가 있는 멋진 사람이

다. 날아다니며 구름도 만나고 비, 바람, 천둥도 만나지만 언제나 용기백배하고 자신의 일을 열심히 하는 청년었이다.

가끔 별나라 달나라 여행도 다니며 지구 소식도 전하고 아름다운 이야기도 가져와 사람들의 마음을 감동시키기도 한다.

신랑 직업은 '하늘 배달부' 다.

사람들의 소식과 물건을 전해 주고 아름다운 사랑과 행복도 전해 준다. 부모가 없는 아이에게 용기도 주고, 노인을 부모 모시듯 공경하는 일, 게으른 아이에게 시간을 쪼게 쓰는 법 등 착한 일만 하는 행복의 전도사이다.

저 멀리 지구의 위성에 나무도 심고 꽃을 가꾸기도 한다. 새로이 발견되는 행성에 제일 먼저 날아가 새 친구와 이야기도 나눈다.

축하객, 오색풍선, 비눗방울 물결도 박수치기에 여념이 없다. 딴딴딴 웨딩마치에 맞추어 행진이 시작되었다. 나는 신랑의 손을 잡고 살며시 웃었다. 신랑의 친구들이 하늘을 날며 신나게 축가도 불러 주었다. 식장의 즐거운 분위기는 가슴 벅찬 하모니로 가득 찼다.

우리가 처음 만난 곳은 하늘이었다. 금별 24호에 처음 여행 온 나는 기계들의 안내를 따르기 싫어 혼자 곳곳을 돌아다니며 구경하고 있었다. 그러다 금별에서 가장 아름다운 곳에 꽃씨를 배달하러 온 신랑을 만난 것이다.

"하늘 배달부 김천수입니다."

"무엇을 배달하나요?"

"오늘은 나무와 꽃씨를 배달하러 왔지요."

"나도 꽃을 좋아하는데…."

신랑도 꽃씨를 배달할 때가 큰 보람을 느낀다고 했다.

둘은 서로의 눈빛으로 마음을 읽을 수가 있었다.

그리고 얼마 후, 우리 집으로 꽃씨를 들고 신랑이 찾아왔다. 같이 꽃씨를 심고 아름다운 노래를 부르며 마음을 엮어 나갔다. 심은 꽃씨가 싹이 나고 빨간 꽃이 필 무렵 우리의 사랑도 무르익어 갔다.

결혼식이 끝난 후, 우리는 달나라 궁전에 도착했다. 달나라 궁전은 소문난 곳으로 신혼부부들에게 가장 인기 있는 숙소이다. 우리 둘의 속삭임은 천금이라도 얻은 듯 평화의 세레나데가 들려온다.

궁전에서 지내면서 이삼백 년 전의 사람들 생활을 체험해 보는 것도 큰 즐거움이었다. 우리는 왕과 왕비가 되어 신혼

여행을 마음껏 즐기고 있다.

신랑이 내 손을 꼭 잡고 말했다.

"우리는 앞으로 고통받고 불쌍한 사람을 위해 '행복을 나르는 배달부' 가 됩시다."

나는 웃으며 고개를 끄덕였다.

2111년 오늘, 나는 새로운 인생을 시작했다.

제3장
길을 나서다

기행문

통영 문학기행

며칠 전부터 문자 메시지가 부리나케 날아온다. 평소 활동적이고 적극적인 총무 박귀영 씨는 한 사람이라도 낙오자가 없이 행사에 참여시키기 위해 맡은 바 사명감이 대단하다.

나는 붓꽃문학회에 가입한 지 6개월밖에 되지 않았다. 아직 분위기에 서먹서먹하고 다리도 불편하여 야외에 나가는 것이 용기가 나지 않았다. 수필반 선배님도 허리가 불편하여 가지 않는다고 한다. 항상 여행을 좋아하던 내 자신이 얄밉기까지 했다. 나는 총무한테 못 간다고 문자 메시지를 보냈다.

그런데 평소 자주 만나는 정정금 회원의 첫 수필집 출간 기념회를 같이 병행한다기에 생각이 바뀌었다. 1박 2일이지만 워크샵 행사만 참여하고 저녁 늦게 마산으로 돌아가기로 마음을 작정했다.

2시에 평생교육원 교정에서 문우들을 만나 차를 타고 출발하였다. 초여름의 날씨에 걸맞게 오후의 날씨는 상큼하고 초록의 물결이 차장 밖으로 밀리어 나간다.

통영 시내를 거쳐 S자 도로인 산양 일주도로에 들어섰다. 산양은 본래 섬이지만 통영대교로 연결되어 연인들의 데이트 코스, 여행자의 드라이브 코스, 낚시 코스로 유명한 곳이다. 푸르디푸른 바다수면, 점점이 다정하게 흩어져 있는 섬, 동백나무 꿈의 60리, 차창 밖으로 보이는 바다가 무척 고요하다. 물결은 잠들었는지 움직임도 없다. 흰색과 붉은 색을 한 양식장의 부표가 질서정연하다.

달아공원도 몇 차례 왔던 곳이다. 한려해상공원이 펼쳐지고 정면과 좌우가 아름답기 그지없다. 지형이 코끼리 어금니와 닮았다고 붙여진 이름이며 달구경하기 좋은 곳이라는 뜻도 있다.

꼬불꼬불한 길을 지나 수산과학관 옆 ES리조트에 도착했다. 언덕을 조금 올라가니 숙소가 보인다. 주황색 지붕으로 마치 바둑판이 펼쳐져 있는 것 같아, 주위의 초록색과 매치가 잘되는 것 같다. 콘도 내부 시설도 고급스럽고 널찍한 거실, 큼직한 방 두 개, 공주 침대까지 사람의 마음을 유혹 하는 것 같다.

베란다에 나가보니 훤히 펼쳐진 자연의 풍광, "아, 멋지다!" 환호성이 터져 나온다. 바다와 섬이 손에 잡힐 듯, 우리 일행을 반갑게 맞이하는 것 같다. 자연과 사람이 대화하는 이곳은 탄성이 나올 만큼 멋진 곳이다. '다음 가족끼리 꼭 한번 와야 겠구나' 생각하며….

워크샵은 시작되고 정정금 회원의 '출간기념식' 도 재미있게 진행되었다. 환경이 다른 낯선 곳에서 어둠이 깔린 초저녁에 문학의 밤을 연다는 게 흐뭇하기까지 했다. 작품을 발표하고, 축하의 박수 소리는 어둠을 뚫고 메아리치는 것 같다. 연로하신 교수님을 모신 자리라 더욱 빛이 난다. 책을 출간한다는 게 얼마나 쓰라린 산고를 겪어야 했던가? 한복을 입은 정금 씨의 모습을 보니 부럽기 짝이 없었다.

교수님의 특강과 문학 토론, 시, 수필, 낭독 등을 남겨두고 6시 반경 식사를 하러 갔다. 맛있게 먹고 내려오다가 언덕길을 따라 곳곳을 둘러보았다. 수영장도 보이고 편의점 식당 등 곳곳에 온갖 시설이 갖추어져 있다. 자연 속에서 몸

과 마음을 힐링할 수 있도록 잘 꾸며져 있다. 해외여행보다 더 멋지고, 지중해풍의 운치가 곳곳에 가득한 곳이다.

잘 손질된 융단 같은 잔디밭, 예쁜 들꽃도 이곳저곳에 보인다. 탐스러운 수국도 우리들을 반기며 방글방글 웃고 있다. 토끼도 귀여움을 떨고 있다. 어디를 가나 한 폭의 아기자기한 멋진 그림이다.

주위를 둘러보고 내려오니 벌써 어둠살이 끼기 시작하였다. 우리 일행은 조그마한 연못가 벤치에 앉아 맥주 한 잔, 수박, 닭고기를 먹으면서 환담을 나누며 즐겁게 보냈다. 날이 어둑하여 보이지는 않지만 연못의 개구리 울음소리가 처량하게 들린다. "꽥액꽥액" 투박하게 우는 울음소리는 틀림없는 황소개구리이며 수놈인 것 같다. 암컷을 그리워하며 우는 소리는 슬프고도 애절하다. 스피커에서 잔잔한 음악도 들려오지만 개구리 한 마리에 압도되어 제 기능을 못하는 것 같다. 개구리 소리는 어릴 때 논이나 개울에서 진절머리나게 많이 듣던 자연의 울림이다.

우리들은 돌아가며 좋아하는 노래를 부르며 유쾌하게 보냈다. 초저녁 밤의 정취는, 근간에 느껴보지 못한, 개구리 음률 소리를 수놓는 붓꽃문학회의 밤이 되었다. 개구리도 붓꽃 모임을 알았는지 소리가 그쳤다 울고 또 그쳤다 울고….

하길남 교수의 특강을 듣지 못해 못내 아쉬웠다. 어둠을 헤치고 차에 올라탔다. 회장님과 몇 분의 배웅을 받으며 마산으로 달렸다. 할 일을 끝까지 하지를 못한 것 같아 동지들에게 미안했다. 나는 항상 느낀다. '남에게 폐를 기치지 않고 살아야 할 텐데' 라고….

조금은 피로를 느끼며 오늘 하루도 깊은 숙면 속으로.

'꿈꾸는 섬' 조각 비엔날레

국화 향기가 온 앞바다를 진동한다. 창원, 마산, 진해가 통합이 되고 명품 창원시가 탄생하여 도시가 많이 변모되는 것 같다.

내가 사는 마산도 거리의 모습, 시민들의 얼굴 표정, 전체의 분위기가 많이 성숙해지는 느낌이다. 특히 시민들의 의식수준과 직결되는 문화적인 측면이 향상되고 새롭게 단장한다고 야단들이다. 창동에는 예술촌이 만들어지고, 문화의 달 10월은 곳곳에 국화 냄새가 가득하여 축제의 물결이 출렁거린다.

돝섬에서는 '조각비엔날레'를 개최한다는 이야기를 들었다. 기행문도 쓰고 조각작품도 구경하고 싶다. 조각은 우리 고장의 작가 문신과도 인연이 깊으며, 뛰어난 조각가들도 이곳에서 배출하였다.

3시에 집을 나섰다. 4시 개막식에 맞춰서 3시 40분에 돝섬 가는 여객선을 탔다. 무료로 운행하는 마지막 배란다. "지금 가는 사람은 운이 좋네요."하고 관리인이 한마디 덧붙인다. 마창대교가 가까이 보이고 대교 앞에는 붉은 구조물이 눈에 띈다. 국화축제 때 몇 번 왔지만 10분 거리는 아쉬운 짧은 거리다. '바다에 노랗게 떠 있는 것은 무얼까?' 배는 바로 가지 않고 왼쪽으로 돌아서 간다. 출발한 곳을 바라보니 내가 10년 동안 살았던 월영동 아파트가 즐비하게 눈에 들어온다.

'2012 창원조각비엔날레 개막식'은 선상 입구에 무대가 설치되었다. 빈자리를 찾아 앉았다. 식전 행사인 노리단 Noridan, 바투카타Batucade 공연은 보지 못했다. 개막식 순서에 따라 아나운서 남녀 두 사람이 우리말과 영어로 사회를 보고 있다. '꿈꾸는 섬'을 주제로 개막선언과 함께 내빈 및 작가 소개, 경과보고, 축사 등 순서대로 예술인들의 자유스러운 참여로 행사가 진행되었다. 객석에는 외국인들이 간혹 보이고 작가 20명 중 5명이 외국인 작가이며, 분위기가 더욱 고조되었다. 무대 오른쪽에 줄기차게 떨어지는 인공폭포 소리도 정취를 한층 더 해주는 것 같다.

문학관 친구와 천천히 언덕배기로 올라갔다. 대부분의 예술행사가 미술관에서 개최되는데 이번 비엔날레는 마산 앞바다에 위치한 아담한 해상공원에서 개최된 것이 특이하다.

제일 먼저 만난 작품은 작가 정명교의 〈물잠자리(휴休)〉'는 잠자리의 날갯짓을 형상화한 작품으로 스테인레스 스틸로 작품을 만들었다. 친환경적인 테마로 관객과의 교감, 소통을 강조한 작품이다. 날렵한 물잠자리가 수초인 부들 꼭대기에 앉아 사뿐히 쉬고 있는 모습이다. 두 번째는 작가 최태훈의 〈시간의 흔적〉이란 작품이다. 시간과 생명에 관한 문제를 드러낸 작품으로 프라즈마 기법 즉 압축공기를 이용하여 금속을 절단하는 방법으로 만든 작품이다. 역시 스테인레스 스틸로 만든 작품이며 모양은 나팔 모양으로 정감이 가는 작품이다.

김주현의 〈꽃〉은 정삼각형이 다양한 각도로 입체를 이룬 작품이다. 붉은색으로 명암을 잘 나타냈으며 정열이 넘치고 꽃잎을 잘 나타내었다. 신치현의 〈워킹맨〉은 모니터의 입자에 착안한 작품이다. 신장이 330㎝나 되는 장신의 남자가 걸어가는 모습이다. 김태수의 〈흐르는 생태 – 피어오름〉은 거대한 우주의 섭리에서 우리네 삶의 여정, 삼라만상의 조화를 표현한 작품이다. 색의 곡선이 아름다워 문우 3명과 포즈를 취해 보기도 하였다.

일본 작가 카즈야 모리타의 작품 〈벽돌더미〉의 주재료는 한국의 흙, 벽돌과 스페인의 돔구조, 일본의 건축술을 합쳐 동양과 서양을 넘나드는 새로운 소통 방식을 꾀한 작품이다. 신라시대의 기상대 첨성대 모양과 비슷하다. 영국 제임스 홉킨스의 〈지구본〉은 230×200×320㎝ 크기로 전통적인 지구본이 세계 속에서 우리가 어떤 위치에 있는지 개념적인 이미지를 떠오르게 하는 스테인레스 스틸 재료와 우리의 모습이 거울에 보이는, 요술 같은 지구본이다.

우리들은 스무 작품 중 12작품만 감상하고 5시 반에 내려왔다. 홍보실을 방문하여 작품의 초안이랄 수 있는 드로잉 작품과 작가들이 직접 자신의 작품에 대해 설명하는 영상기록물은 감상하지 못해 못내 아쉬움을 남겼다.

행사는 본 전시, 특별전, 출품작가 드로잉전, 학술심포지엄 4개 분야로 나누어서 실시되었으며, 현대미술이 으레 어렵고 난해하다는 통념을 깨고 재미있고 흥미로운 비엔날레가 되도록 계획하였다. 시각만이 아니라 만지며 느끼고 듣고 앉는 등 예술작품과의 소통을 높이려고 애를 많이 썼다. 조각을 숲이 우거진 자연 속에서 마음껏 감상하고 음미하며 재충전의 시간을 가져 더욱 빛이 난다.

그리고 작품의 영구설치를 위해 나무 등 일시적인 재료를 배제하고 돌, 철, 스테인레스 스틸, 브론즈(청동), 시멘트와 같은 경성재료硬性材料를 사용한 작품들이 주종을 이루고 있다.

돝섬은 옛날 가락왕의 총애를 받던 미희가 나들이를 나왔으나 환궁치 않고 피해 있다가 금빛 도야지로 변하여 정착하였다는 설화가 전해 내려오는 곳이다. '꿈꾸는 섬' 은 잃어버린 꿈을 되찾고 자유를 꿈꾸며 희망찬 내일을 기약해야겠다.

나는 오늘 조각예술에 대해 문외한門外漢이지만 많이 배우고 좋은 작품을 감상할 수 있어 보람이 컸다.

5시 40분에 여객선에 몸을 싣고 마산 앞바다를 가른다. 하늘과 바다는 은색으로 변하고 내 보금자리는 별빛이 되어 손짓한다. 3년 전에 돝섬 국화축제 때의 야경은 화려하고 환상적이었는데 지금은 조금 쓸쓸한 이별이 되는 것 같다.

해상공원 돝섬이 더욱 알려지고 새로운 문화명소이자 새로운 예술요람으로 재탄생되기를 박수와 축원을 보낸다.

'시인의 마을'
질마재를 다녀와서

짧은 시 열다섯 편을 외운다. 그중에서 〈국화 옆에서〉를 가끔 낭송하면서 나의 정서를 달래고 있다. 한 송이 국화꽃을 피우기 위해 얼마나 많은 날들을 인내와 고통 속에서 지냈으랴? '내 누님같이 생긴 꽃이여' 애틋한 그리움이 녹아 있는 온 국민의 애송시이다.

아침 8시에 문우들과 즐거운 마음으로 미당문학관을 향해 출발했다. 날씨도 청명하고 차장 밖으로 미끄러지는 연두색의 물결은 나의 마음을 새롭게 한다. 가끔 보이는 담쟁이도 물이 올라 생글생글 웃고 있는 것 같다.

3시간 넘게 걸려 '서정주문학관'에 도착했다. 전라북도 고창군 부안읍 선운리 질마재 마을은 미당 서정주(1915~2000)가 태어난 시인의 마을이다. 소금꽃이 하얗게 피어오르는 마을에서 성장한 시인은 어릴 때 가난하게 보냈다고 한다. 훗날 〈질마재의 노래〉라는 시에 고향을 향한 애틋한 그리움이 담겨 있다.

질마재는 마을 뒷산인 소요산 자락을 넘나드는 2㎞ 길이의 야트막한 고개이다. 질마는 말의 안장을 뜻하는 길마의 사투리라고 한다. 미당의 고향의 노래를 들어 본다.

세상일 고단해서 지칠 때마다,
댓잎으로 말아 부는 피리 소리로
앳되고도 싱싱히는 나를 부르는
질마재. 질마재. 고향 질마재.

소나무 바람 소리 바로 그대로
한숨 쉬다 돌아가신 할머님 마을.
지붕 위에 바가지 꽃 그 하얀 웃음
나를 부르네. 나를 부르네.

도라지 모양으로 가서 살리요?
칡넌출 뻗어가듯 가서 살리요?
솔바람에 이 숨결도 포개어 살다
질마재 그 하늘에 푸르를리요?

— 서정주 〈질마재의 노래〉

질마재는 시인이 고향을 떠나 서울로 길을 떠날 때 넘던 고개이자, 진마마을 사람들이 해산물이나 소금을 지게에 지고 넘던 애한의 길이라고 한다. 미당시문학관은 시인의 초가집 생가와 폐교를 개조하여 옛 모습 그대로 복원했다고 한다. 그리고 부안면 소재지를 연결하는 질마재는 포장도로로 바뀌어 옛날의 흔적은 희미하지만 곰소만에서 불어오는 바람은 옛날의 그 바람이 아니겠느냐.

시인은 〈자화상〉이라는 시에서 "스물세 해 동안 나를 키운 건 팔할이 바람이다"라고 회고하고 있다. 산자락에 터를 잡은 올망졸망한 농가의 들판, 그리고 변산반도가 한눈에 들어오는 질마재 고갯마루를 스치는 솔바람은 시인의 상상력을 키운 바람이기도 하다. 짭조롬한 소금기 묻어나는 솔바람에는 그윽한 아카시아 향기와 청보리가 익어가는 향긋한 냄새에 섞여 시심詩心을 불러일으킨다고 한다.

옛 학교 건물과 새로 지은 건물이 원래 하나였던 듯 잘 어울리는 미당시문학관은 질마재 아래에 위치하였다. 미당의 육필원고와 애장품 등 유품 5000여 점을 보관 전시한 문학관과 미당의 생가는 10분 거리이다. 초가지붕에 황토로 복원한 생가는 미당이 어린 시절을 회고할 때 빠지지 않는 곳으로도 유명하다. 생가 아래에 위치한 좌치 나루터는 마을 사람들이 장에 갈 때 들고 나던 곳으로 배가 다니던 분주함은 이제 기억과 흔적으로만 남았다 한다.

진마마을 맞은편의 안현리 돋음볕 마을은 가을에 300억 송이의 국화가 피는 국화마을, "한 송이의 국화꽃을 피우기 위해 봄부터 소쩍새는 그렇게 울었나 보다"라고 노래한 〈국화 옆에서〉를 주제로 마을을 단장했다. 집집마다 지붕과 담에 집주인의 얼굴과 국화꽃이 그려진 고샅길을 돌아 야트막한 구릉에 오르면 시인의 무덤이 나온다. 시인은 무서리가 내리는 가을에 노란 국화꽃이 '거울 앞에 선 내 누님' 같은 자태로 구릉을 뒤덮는 꽃밭에 누워 고향 마을을 그리고 있다.

고창에는 유난히 보리밭이 많다. 보리밭의 하루는 시시각각 변하는 풍경화다. 파란 하늘에 뭉게구름이 둥둥 떠다니는 보리밭은 종달새가 포르르 날아오른다. 보리 익는 향긋

한 냄새가 어릴 적 고향의 기억을 끄집어낸다.

미당 서정주는 20세기 한국을 대표하는 시인으로 창작활동 기간만 70년에 이르는 장수 시인이며 천여 편의 시를 발표하였다고 한다. 우리말을 가장 능수능란하고 아름답게 구사해 한국어가 도달할 수 있는 최고의 경지를 보여 주고 있다. 후배 시인들로부터 시의 '정부' 또는 '신화'로 불리운 그는 우리나라 시인들이 제일 좋아하는 시인인 동시에 대표작이 가장 많은 시인이다.

그의 호 미당에는 '아직 덜된 사람'이라는 겸손한 마음과 '영원히 소년이고자 하는 마음'이 모두 담겨 있어 '늘 새로운 것'을 추구한 그의 삶과 잘 어울렸다.

오늘 하루의 문학기행, 평소 사모하던 시인을 만나 마음 뿌듯함을 느꼈고 서정주 흉상 앞에서 셔터를 눌러본다. 우리 일행은 선운사를 둘러 인촌 김성수 고택을 답사하고, 피곤함을 잊은 채 많은 여운을 남기고 돌아왔다.

내가 느낀 홍콩

'별들이 소곤대는 홍콩의 밤거리, 나는야 꿈을 꾸며 꽃 파는 아가씨' 로 시작되는 이 노래는 어릴 때부터 많이 듣고 불러온 가요다.

'불빛이 화려한 홍콩' 이라는 도시에 대해 막연한 상상을 펼치기도 했다. 홍콩은 옛날 중국의 작은 마을이었다. 영국이 들어와 다스리면서 동서양의 문화가 절묘하게 섞인 곳이다.

우리 가족들은 7월 19일 밤 10시 5분, 비행기를 타고 홍콩으로 출발하였다. 그곳 시간으로 밤 12시 15분에 3시간 걸려 도착하였다. 예전에 젊었을 때 친구들과 다니던 해외여행과는 사뭇 달랐다. 딸 내외, 손녀 둘, 나 다섯 명의 단란한 가족여행이다. 딸 내외가 친정 엄마의 칠순을 기념하기 위해 떠나는 효도 여행이다. 노리老羸에 자녀와 함께 손녀들과 손잡고 떠나는 여행은 마음이 든든해서 좋았다. 손녀들의 다정함과 할머니를 생각하는 마음이 기특하여 살아온 보람이 아스라이 밀려온다.

나는 항상 새로운 곳을 찾아 먼 곳을 여행하는 것을 좋아한다. 퇴직 후 10년 동안 21개국을 다니면서 이웃나라의 문화를 공유하고 즐긴다는 것은 한없는 생의 보람이었다. 이제 늙어서 다리 관절 이상으로 먼 곳을 가지 못한다. 해외여행도 이번이 마지막인가 싶다.

홍콩의 명칭은 '중화인민공화국 홍콩특별행정구' 이고 중국의 남단 광둥성 광저우(광주)에서 144㎞, 마카오에서 64㎞ 거리에 있다. 홍콩 섬, 주룽반도(九龍) 및 235개의 도서로서 면적이 1,104.3평방킬로미터이고 서울의 1.8배 크기이다. 기후는 아열대성 몬순 기후이고 사용하는 언어는 중국어(광둥어)와 영어를 사용하고, 종교는 다양하지만 불교와 도교 신자가 많다고 한다. 홍콩의 주권은 1997년 7월 1일 영국으로부터 반환, 인구는 700만. 1842~1997 (155년) 동안 영국의 지배를 받았다.

홍콩의 날씨는 일정 내내 비가 온다고 예보되었으나 다행히 잔뜩 흐리고, 가끔 소나기가 스치고 지나갔다. 지금은 우기라 비가 잦다고 했지만, 비 때문에 고생하지는 않았다. 이 도시는 습기가 많기 때문에 제습기가 없는 집이 없다고 한다.

홍콩은 공장이 거의 없어 공기가 맑다. 주산업은 무역업, 국제 금융센터, 국제비지니스, 쇼핑천국, 자유 시장경제 등이다. 물가는 서울과 비슷하고 내 집 마련이 어렵다고 한다. 전세가 없고 15평 월세가 100만 원이란다. 그리고 주차할 곳이 없어 자가용도 마련하지 못한다고 한다. 꼭 자기 차를 구입하려면 주차할 땅을 1억, 2억을 들여 사야 한다고 한다.

성냥갑 같은 아파트, 다닥다닥 붙은 주택들 등으로 홍콩이 땅이 좁은 도시란 걸 실감했다. 중턱 비탈진 곳에 집이 많아 에스컬레이터를 운행하고 있었고 횡단보도 대신 육교가 많이 설치되어 있으며 육교에도 에스컬레이터가 설치되어 있었다. 잘사는 도시라선지 전기가 풍부한 곳인가 싶다. 곳곳의 화려한 네온사인, 호화찬란한 높은 건물 등 "전기가 풍부한 나라인가요?"하고 질문을 했더니 중국 본토에서 해결해 준다고 한다.

20일(토) 오전 웡타이신(黃大仙)사원을 방문했다. 의술이 뛰어난 웡타이신을 기리기 위한 사원이며 참배하면 특히 질병치료에 효과를 본다고 한다. 많은 도교 신도와 관광객들이 옆 사람이 부딪힐 정도로 많이 운집하였다. 본당에 들어서니 신도들이 대나무 산통을 잡고 비비며 각자의 소원을 간절히 빌고 있었다.

향 냄새와 촛불 등으로 연기가 자욱했다. 가슴이 답답하고 숨이 막힐 정도로 실내공기가 좋지 못했다. 사원을 나오니 살 것 같았다. 이 사원에 일 년 동안 들어오는 기부금이, 기업의 일 년 매출을 능가한다고 한다. 인간은 약자인 것이 분명하다. 신이 나를 지켜 주기를 바라고 항상 건강과 안녕을 빌어야 하니 말이다.

시내관광을 마치고 이국적이고 아름다운 휴양지 '리펄스베이' 라는 곳에서 가족사진을 많이 담아왔다. 저녁 무렵 빅토리아 피크의 야경을 감상하고 피크 트램(전철)으로 하산했다.

21일(일) 보석상가에 들렀다. 몇 년 전 중국을 관광했을 때의 일이다. 나는 평소 빨간 루비 반지를 갖고 싶어 이 나라에서 운영하는 큰 보석 매장에 가서 샀는데, 우리나라에 와서 감정했더니 모조품이라는 것이었다. 그때부터 나는 중국의 상행위는 우리와 같은 정상적인 상행위라 볼 수 없었다. 홍콩은 중국이지만 국제 비즈니스의 도시이니 믿을 수 있는 나라라고 믿고 딸이 사준 긴 진주 목걸이 선물을 기꺼이 받았다. 딸이 고마웠다.

점심을 먹고 오후 2시에 1시간 남짓 기차를 타고 중국의 본토 심천으로 갔다. 신흥도시로 새 건물이 하늘을 찌른다. 심천은 중국의 경제특구로 거주 조건도 까다롭단다. 일을 할 수 있는 젊은 사람들이 많이 살아 도시인의 평균 연령이 35세인 젊은 도시였다.

민속촌은 총 20만 평의 대지 위에 중국의 56개의 민족 중 생활환경과 민족 특징이 비교적 명확한 21곳을 택하여 1대 1 비율로 총 24개 촌락이 조성되어 있고 심천 민속 1부 쇼도 재미있게 보았다. 그리고 저녁을 먹고 2부 공연을 야외에서 자유스럽게 관람했다. 500명이 동원된 실감 있는 거대한 예술인의 잔치였다.

소인국은 소설 걸리버 여행기의 소인국같이 중국의 다양한 유네스코 문화유산이며 중국의 대표적인 관광지들을 정밀하게 축소하여 표현한 곳이다. 이곳에서 중국의 풍경을 한눈에 관람할 수 있었다. 걸으면 2시간 걸리지만 미니버스를 이용하여 30분 동안 편안하게 관람할 수 있었다.

마지막 날인 7월 22일(월)은 배편으로 한 시간 정도 걸려 마카오에 갔다. 마카오는 중국의 남쪽 반도 끝자락의 작은 어촌 마을이다. 지금은 무역항의 요지로 도박과 휴양지로, 또 다른 중국의 모습을 보여 주고 있다. 성 바울 성당은 17세기 초에 지어진 것으로 18세기 무렵 태풍으로 인한 화재로 지금은 앞부분만 남아 있다.

세나도 광장은 포르투칼인들이 식민지 지배가 끝내고 자국에서 가져온 돌로 보도블록을 조성했다. 검은 물결무늬로 바닥을 특색 있게 만들었고, 포루투칼의 옛 정취가 물씬 나는 한층 멋이 있어 보이는 곳이었다.

마카오 타워 61층에서 번지 점프의 아슬아슬한 장면도 느껴 보았다. 윈 호텔의 춤추는 분수 쇼, 황금나무 쇼 등 카지노와 호텔들이 볼거리가 많고, 즐길 수 있는 관광지로 자리매김하고 있었다.

저녁 무렵 베네시안 리조트 및 카지노를 구경했다. 보잉 747기 90대를 수용할 수 있는 규모와 3000개의 객실, 고객을 위한 서비스와 시설은 아시아 최고를 지향한다. 쇼핑센터도 350개의 상점 등이 있다.

나는 몇 년 전에 미 서부를 관광하면서 카지노 호텔인 라스베이거스 베네시안을 구경한 적이 있다. 이곳 마카오 베네시안과 자매호텔인데 오히려 이곳이 규모가 더 크다고 한

다. 이층에 가니 각종 상가가 화려하고 즐비했다. 그 가운데 수로를 만들어 6명이 탈 수 있는 쪽배가 유유히 흐르고 있다. 이 광경은 사막의 도시 라스베이거스 베네시안 카지노에서도 본 후 두 번째 보는 셈이다.

뱃사공은 노래를 유창하게 부르며 노를 젓는 모습이 평화스러워 보이고 찾아온 이국인異國人의 피로감을 달래주었다. 마카오에서 모든 일정을 마치고 23일 새벽 2시 5분 비행기로 김해공항으로 귀국했다.

인간에게는 한곳에 가만히 있지 못하고 다른 곳으로 가고 싶어 하며, 익숙한 곳에서 벗어나고 싶어 하는 유전인자가 숨어 있는 것 같다. 우리들의 생활은 단조로워 집과 직장을 다람쥐 쳇바퀴 돌듯 돌게 된다. 낯선 곳에서 낯선 사람을 만나면 내 안에 숨어 있던 것들이 되살아나고 나 자신도 몰랐던 나를 발견하게 된다. 또 여행이란 '영혼의 목욕탕'과 같다는 생각을 한다. 일상에서 찌든 내 마음과 내 영혼을 맑게 씻어 주는 것이 바로 여행이 주는 선물인 것 같다. 여행은 '다리가 떨릴 때 가는 것이 아니라 가슴 떨릴 때 가는 것'이라는 말이 있다.

사실 인생 자체가 기나긴 여정旅程이다. 우리는 모두 나그네일지도 모른다. 그리고 길다고 생각되는 인생도 인간의 역사에 비하면 너무도 짧은 한순간에 지나지 않는다. 역사의 흐름 속에서 나 자신의 존재는 어느 시점에 존재했던 미물에 지나지 않을 것이다.

여행을 통해 새로운 것을 느끼고 나를 새롭게 만들 수 있어서 좋다. 인생의 어느 한 모퉁이에서 다른 세상을 보고 와, 세상의 한 점으로 살고 있음에 감사할 수 있어서 좋다.

제4장
일상의 발견
편지글 · 일기

딸에게 띄우는 꽃소식

지루하던 동장군도 이제 물러가고 어느덧 봄의 여신이 문을 두드린다. 이곳저곳에서 환한 미소가 우리들의 영혼을 춤추게 한다.

경심아, 그동안 잘 있느냐?

허리가 아프다고 하더니 좀 어떠니?

운동이 부족하면 탈이 나는 법이란다. 더더욱 자가 운전을 하니…. 쯧쯧 건강할 때 건강을 지켜야 된다고 항상 일렀건만…. 병나고 고치려면 힘이 들지.

매화는 벌써 활짝 피어 방글방글 웃음 띠고 노란 산수유도 온몸을 파르르 떨고 있다. 옆에 멋쩍게 서 있는 하얀 목련도 하늘을 향해 잉태할 준비를 하고 있구나.

작은 갈색 고추 모양이 북향 하늘을 찌르더니, 어느새 새하얀 유액이 뿜어 나오고 하얀 천사가 툭 튀어 나와 날갯짓을 상상해 본다.

어제 똑딱똑딱 빗소리가 하루 종일 들렸는데 오늘은 이렇게 청명하구나. 빨리 뒤뜰에 나가 하얀 꽃봉오리에 입맞춤을 하고 목련나무를 잡고 포즈를 취해본다.

"앗"

개화가 늦은 이유를 알았다. 목련이 매화, 산수유보다 늦은 이유를…. 방음담장과 키 큰 대나무가 햇살을 막아버렸으니 애통하기 짝이 없다.

"목련아 용기를 내, 늦은 것은 나쁜 것이 아니야. 둘러 가는 양보의 미덕도 훌륭한 행위란다."

경심아, 꽃소식에 도취하는 바람에 엄마 소식이 늦었구나. 엄마도 하얀 목련과 같이 진실하게, 남의 마음을 안 다치게, 목련의 고귀한 미소를 닮으려 한다.

엄마는 요즈음 조금 바쁘단다. 문학관 강좌와 평생교육 강좌가 시작되었거든, 엄마가 늦은 나이에 힘은 들지만 창작의 설렘이 있어 무척 좋단다.

백목련처럼 청아한 기품
이제는 잊어버리려고 다짐했건만
잊어버리려고 다짐했건만
잊어버리려고 하면 더욱더
잊히지 않는 당신의 모습

시 한 수 소개할게. 두 분 다 고인이 되었지. 돌아가신 육 여사를 그리며 박 대통령이 살아생전에 쓰신 글 일부분이란다.

흰 목련 바람에 지듯이

이제는 슬퍼하지 않겠다고
몇 번이나 다짐했건만
문득 떠오르는 당신의 영상
그 우아한 모습
그 다정한 목소리
그 온화한 미소
백목련처럼 청아한 기품
이제는 잊어버리려고 다짐했건만
잊어버리려고 다짐했건만
잊어버리려고 하면 더욱더
잊히지 않는 당신의 모습

우리나라의 근대화를 이끈 그분도 짠하게 보고 싶고 뇌리에서 떠나지 않는구나.

내 딸 경심아, 무던한 신랑 만나 공직생활하며 바쁜 생활하는 모습을 보니 장하고 대견스럽기까지 하다. 나윤이 나경이도 잘 있지?

작년 말에는 넓은 집으로 이사도 하고 정서방은 승진까지 했다는 소식을 듣고 매우 기뻤단다. 시원한 동해바다가 그립구나. 꽃소식도 마산보다 한발 늦어지겠지? 그곳 목련꽃이 활짝 필 때 놀러가마.

청순하고 고귀한 꽃이여, 순수하고 오묘한 목련이여, 우리에게 축복 있어라. 안녕.

2012년 4월 1일 일요일 만우절에

마산에서 엄마가 씀

신神이 내린 목소리

강 선생님, 만난 지도 무척 오래된 것 같습니다. 화창한 봄날입니다. 가내 두루 편안하시고 몸은 건강하신지요?

지난 5월 27일 오후 7시 30분, 사부인과 '조수미' 공연을 보러 갔습니다. 매스컴을 통해서 '세계적인 성악가'란 걸 알고 있었습니다만, 정말 경이로운 감동을 받았습니다.

그분의 목소리와 음률은 누구도 흉내 낼 수 없는 신의 목소리, 천상天上의 목소리였습니다. 청중들의 뼛속까지 파고드는 혼魂의 목소리는 음악을 잘 모르는 저 자신이지만, 아름다운 목소리에 흠뻑 빠질 수밖에 없었습니다.

결코 사람의 목소리가 아닌, 다른 세상에 와서 고운 꿈을 꾸고 있는, 무아지경의 상태 속에서…. 몇 년 묵은 마음의 때가 내 몸속에서 빠지는 느낌이었습니다. 빨간 드레스 입은 조수미의 아름다움, 까만 예복을 입은 피아노 연주자, 모든 분위기가 환상적이었습니다.

강 선생님, 환상적인 공연을 하기까지 그분의 눈물겨운 노력과 부단한 연습, 타고난 재질과 재능, 어머니의 노고와 뒷받침, 어느 것들이 예사로웠겠습니까? '국제푸치니상'을 받기까지 그의 외로운 싸움은 높이 평가되어야 하며 위대한 음악인으로 존경을 받아야 된다고 봅니다.

강 선생님, 훌륭한 음악가의 천상의 목소리에 감동을 받은 감상문입니다. 지루했지요?

저도 진주 갔던 일이 즐거웠습니다. 항상 마음은 평행선을 걷고 있습니다. 오늘 글이 길어 미안합니다. 내내 행복하시고 만날 때까지 안녕.

2010. 5. 29 봄날

선옥 드림

신들린 색소폰

20011년 10월 16일 금요일 맑음

가을 저녁 야외음악회에 갔다.

얇은 옷을 입은 탓인지 전신이 오싹함을 느낀다. 경남의 예술인, 소리의 미학이 밤하늘에 수를 놓는다. 초가을 밤 아름다운 멜로디에 흠뻑 취하고 싶어, 기대와 설레는 가슴으로 자리에 앉았다. 무대에는 음악인들이 분주하게 프로그램에 따라 준비를 하고 있다.

사회자의 인사말이 끝나고 서곡인 기악 연주가 조용히 흘러나온다. 순서에 따라 각 장르별로 재주를 발산하고 청중들을 유혹하고 있다.

신유식의 색소폰 연주, 처음 들려주는 곡은 '아! 목동아' 연주가 스산하고 애절하게 들려온다. 자그마한 키에 얼굴도 동안이고 색소폰을 위로 올렸다 내렸다 하는 연주자의 몸짓이, 색소폰 곡선의 미와 음률이 잘 어울리는 것 같았다. 아름다운 소리는 귀를 통해서 나의 여린 마음에 이슬이 내리듯 조용히 젖어든다. 낙엽 따라 가버린 사랑, 그 겨울의 찻집, 꽃밭에서, 강촌에 살고 싶네, 몇 곡을 따라 불렀다. 밤하

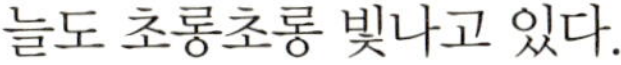

늘도 초롱초롱 빛나고 있다.

갑자기 음악이 격해지고 템포도 빨라진다. 분위기도 180도로 달라진다. 흥분된 열창에 빨려드는 청중들의 고조된 물결, 뛰어다니는 무당처럼 광대가 되어, 무대와 온 관중석을 휘젓는다. 내 마음속 묵은 때가 벗겨지는 것 같다. 가슴에 뭉쳐 있던 덩어리가 색소폰에 녹는다. 신유식 연주자는 땀이 범벅이 되어 자기의 끼를 마음껏 토해낸다. 희생의 고결함이여…. 촛농은 눈물 흘린다. 고귀한 음률은 엄마의 젖꼭지서 뿜어내는 하얀 유액乳液처럼….

색소폰의 대가 Sil Austin은 1929년 미국 Florida 출생으로 대표곡은 〈Danny Boy〉이다. 이 곡은 부드럽고 애잔한 매력을 자아내는 대표 연주곡이다. 그리고 호반의 벤치에서 들어 보는 색소폰 음률은 그 어느 때보다 가슴 깊이 스며들어 감흥이 새롭다.

신들린 색소폰의 연주와 호흡을 같이하며 오늘 하루도 저물어 간다. 앙코르를 받아주는 연주자의 배려, 가을의 선율이 톡톡 튄다.

산문평

지성과 다양성의 논리

—차선옥 문집 《자욱마다 새겨진 꽃잎》론

하길남

수필가 · 문학평론가 · 경남대학교 교수

1. 프롤로그

현대 독일 에세이론을 읽어보면서, 수필이 인생을 극복해 가는 교양문예라고 정의하고 있는 구절에 공감을 하게 된다. 그렇다. 존재하는 모든 것은 극복의 메시지다. 부싯돌은 자신이 으깨지는 과정을 겪지 않고 불씨를 잡지 못한다. 물결은 하루에 삼천만 번씩 출렁이면서 비로소 자기의 존재를 드러낸다. 화자의 대표작이라고 할 수 있는 수필 〈숫자 7이야기〉를 보면, 이러한 사실이 분명해진다.

화자는 우주의 생성 원리인 이른바 천지인天地人 삼재三才

를 이야기하면서, 사람마다 자기가 좋아하는 숫자나 특정한 사물을 부적화(탤리즈먼화)하게 되는 심리에 대해 언급하고 있다. 이러한 작가의 정신적 기저를 더듬어보면, 화자의 날카로운 시각을 유추해 볼 수 있게 된다.

예컨대 가위바위보, 만세 삼창, 삼위일체 등 화자의 시각, 그 연상기법은 광범위하다. 특히 화자의 수필에서 우리가 지적하고 싶은 것은 교육자로서의 인간적 향기와, 획기적인 교육철학의 실천이다.

평범한 교육자로서는 감히 상상하기조차 힘든 일을 제도까지 고쳐가면서 실행해 나가는 도전과 시련을 넘어, 한 사람의 제자를 위해 교육적 풍토까지 개선 발전시키게 되어 독자들은 감동을 받게 된다. 우리가 수필을 읽으면서, 또 쓰면서 감동을 이야기하고 있지만, 수필작품에서 감동을 받기란 사실상 그렇게 쉬운 일이 아님을 알게 된다.

그동안 많은 수필을 읽고 평문을 쓰면서 감동을 받은 일도 사실상 드문 일이 아닐까 싶다. 그러나 이 수필집에서는 아마 많은 독자들이 감동을 받을 것으로 생각된다. 특히 작품 중에서 청출어람青出於藍이라는 고사를 인용하고 있는데, 이는 화자가 제자들을 가르치면서 마음에 새기게 되는, 교육에 임하는 화자의 기본자세가 되어 있는 것이다. 그래서 화자가 이 작품에서 늘 배움의 자세로 일관하고 있는 모습을 우리가 읽게 된다.

2. 화자의 교육철학과 수필적 함수

화자는 다양한 형식의 수필을 선보이고 있다. 기행문은 말할 것도 없고, 유언장, 판타지, 동화, 편지글, 일기 등이 그것이다. 여러가지 형식의 원용에서 화자의 수필세계가 더 다양해짐은 말할 것도 없고, 작가의 생각을 여러 그릇에 나누어 담으면서, 그 내용의 어떤 실험성 같은 것을 추구해 가고 있는 셈이다. 여기서 잠시 화자의 육성을 들어보기로 한다.

> "교장 선생님, 주은이를 월반시키면 어떨까요?"
> 하고 건의를 했다. 교장선생은 어렵다고 말하였다. 그 당시에는 월반제도가 없었고, 아이가 잘 적응할지 확신할 수가 없기 때문이라고 했다. 그러나 나는 잠들어 있는 잠재력의 보고를 꽃피우고 싶은 욕망이 강렬했다. 1학년에서 4, 5학년은 어렵겠지만, 3학년으로 월반하는 것은 가능할

것 같았다.

—〈주은이와 나의 꿈〉에서

여기서 우리는 화자의 교육자적 자질은 말할 것도 없고, 교육철학을 읽을 수 있게 된다. 월반제도가 없는 현실에서 그런 제도 자체를 만들어가는 과정을 읽어보면, 우리가 세상에서 사람 사는 이치를 새삼 깨닫게 된다 해도 지나친 말이 아니라는 것을 느끼게 된다. 그것이 바로 화자가 사는 방식인 것이다.

그래서 옛 제자 주은이는 늘 명절만 되면, 스승을 찾아뵙고, 인사를 하면서 선물을 하게 되지만, 화자는 늘 만류를 하게 되는 사제간의 따뜻한 정을 이 수필에서 우리는 읽게 된다. 그래서 화자는 청출어람靑出於藍이라는 고사성어를 인용하면서 수필의 주제를 독자들에게 다시 한 번 되새기게 하고 있다. 아마 독자들은 이 말을 되새기면서 다시 한 번 주제의 전말을 음미하게 될 것이다.

복이란 무엇인가 하는 화두를 떠올리면서 사람을 보람 있게 하고, 행복하게 하는 것이 가장 값진 일이라면, 우리는 여기서 과연 어떻게 살아야 할 것인가 하는 것을 새삼 읽게 된다. 사람을 잘 키우는 일보다 더 보람있는 일이 어디 있을까 하는 생각을 하게 된다.

결국 세상만사는 사람 하나 올바르게 키우는 일로부터 시작된다는 것을 다시 한 번 깨닫게 된다. 이러한 인간다움 그 인간의 문제에 대해서 화자는 〈어느 할머니 이야기〉라는 수필에서도 언급하고 있다.

우리가 다시 되새기게 되는 것은 사람사는 이치와 그 교육의 성과를 새삼 읽게 된다는 사실이다. 그 할머니는 하루에 두서너 번씩 수레를 끌고 공원에 나와 공원에 버려진 빈 박스와 빈병 등 쓰레기 등을 수거해 간다. 그리고 공원에 설치된 각종 운동기구를 이용하여 운동을 한다. 그런 할머니를 보고 사람들이 할머니에게 다가가서 성함이라도 물으면 묵묵부답이다. 동장에게라도 가서 할머니를 자랑하고 싶다고 하면 피식 웃고 만다. 그래서 화자는 할머니에게 따뜻한 밥 한 그릇이라도 대접하고 싶다고 술회하고 있는 것이다.

> 금연공원 연두색 울타리에 빨간 장미가 필 때쯤 행복 할머니께 따뜻한 밥 한 그릇 대접하고 싶다.
>
> —〈어느 할머니 이야기〉에서

할머니의 삶의 지평, 그 정신을 여기서 새삼 설명할 필요는 없다. 우리가 앞에서 살펴본 것처럼 화자는 딸에게 유언장을 남기면서, 마음을 비우고 욕심 없이 살기를 바라고 있다. 그리고 삶에서 깨달음과 남에게 베푸는 삶, 덕망 있는 삶을 살기를 바라고 있는 것이다.

> 우리 경심이가 마음을 비우고 욕심 없이 살기를 바란다. 엄마는 욕심에 얽매어 많은 사람들을 피곤하게 하며 살아온 것 같구나.
>
> 마음을 비운다는 것이 세상일에 의욕을 버리라는 것이 결코 아니다. 마음을 비우고 세상을 넓게 보면 오히려 가치 있는 일들이 얼마나 많은가를 깨닫게 될 것이다. 자신의 삶을 더 소중하게 생각하고 열심히 살아가기 바란다.
>
> —〈사랑하는 딸 경심이에게〉에서

여기에 필자가 설명을 덧붙일 필요는 없을 것이다. 우리가 앞에서 보아 왔듯이 세상 욕심에 얽매이지 않는 겸허한 삶, 깨달음의 삶, 질박한 삶 등에 대해 이야기하고 있는 모습을 보게 된다. 그래서 마침내 먼 훗날 자신이 세상을 떠났을 때는 수목장으로 하고, 자신은 후생에 나무로 살고 싶다는 유언을 하고 있는 것이다.

이와 같은 겸허한 생활자세 속에서도 세속적 삶은 늘 치열했다는 것을 우리는 수필 〈주은이와 나의 꿈〉에서 읽었던 것이다. 그러한 삶의 치열성을 우리는 그의 수필 〈여름축제의 주인공들〉에서도 읽게 된다.

> 손톱이 빠지고, 연골이 닳은 상태라고 했다. 진통제를 먹어가며 연습에 임해야 했고 한 팔로 싸워야 했다. 부상을 당한 몸으로 정신력과 투혼으로 이겨낸 사나이, 죽음조차 두렵지 않는 한 팔로 이겨낸 불꽃의 사나이, 괴물 같은 유도의 신동이라고들 한다.
>
> —〈여름 축제의 주인공들〉에서

3. 삶, 그 회상의 장

사람에게는 두루 자기가 태어난 고향이 있게 마련이요, 부모 형제나 고향 친구들뿐 아니라, 자기가 뛰어놀던 산이나 강가 그 마을들이 모두 추억의 길섶이 된다. 그렇다. 노래에도 고향 갈매기는 그립다고 하지 않았는가. 그래서 사람들은 죽어서도 고향땅에 묻히겠다고 한다. 뼈라도 고향

산천에 묻혀야 안심이 된다. 우리가 전사자의 유해를 발굴하는 것도 그런 의미에서가 아닌가.

미국 사람들은 어떤 어려움이 있더라도 전사자의 유해만은 찾아서 묘를 만들어주고 비석을 세워주면서, 국가유공자로 기리기 때문에 전투에서 더 용맹하다고 하지 않던가. 그만큼 우리에게는 자기의 생활과 관련된 모든 정신적 유산까지 두루 존재적 외연이 되는 것이다.

화자는 자기의 고향인 양촌을 이야기하면서 아래와 같이 회상하고 있다.

> 복사꽃이 피고 뻐꾸기 울음소리가 구수하게 들리는 두메산골 내 고향, 버스가 다니는 한길 청덕에서 언덕과 재를 넘고 산을 넘어야 들판이 훤히 보인다. 둥둥 떠 있는 흰 구름 저쪽에는 평화로운 백사장이 나를 반긴다. 땅콩 밭 옆으로 흐르는 고향의 강이 예나 지금이나 변함없이 유유히 흐르고 있겠지. 나룻배에 몸을 싣고 뱃사공 노 젓는 소리를 들으며 들길을 한참 걸어야 고향마을이 보인다.
>
> —〈그리운 고향 양촌〉에서

여느 사람과 달리 화자에게는 두 가지 특성을 들 수 있는

데, 그 첫째가 어릴 때부터 부자였다는 점과, 두 번째는 운동에 남다른 재능이 있었다는 점이다. 그의 본가는 기와집 12대문이었고, 할아버지께서는 지방유지였다. 그리고 몸집은 작았지만, 릴레이, 철봉놀이, 줄넘기, 기계체조 등의 운동에 소질이 뛰어났다. 이러한 사실을 미루어 보아 화자의 어렸을 때의 추억이 남달랐을 것이라는 것은 짐작하고도 남는다.

그래서 화자는 수구초심首丘初心이란 고사성어를 들어 이를 설명하고 있다. 여우가 죽을 때에 자기가 살던 굴 쪽으로 몸을 바르게 하고 죽는다는 말로, 고향을 그리워하는 마음, 또는 근본을 잊지 않는다는 마음을 일컫고 있다. 그렇다. 고향은 바로 어머니의 표상表象이다.

> 나는 어릴 때 콩나물을 정성껏 기르시는 어머니의 모습을 보며 자랐다. 어머니는 검소하시고 매사에 알뜰하고 야무진 분이셨다. 아버지는 군청에 다녔고, 궁핍한 생활은 아니지만 어머니는 돼지를 키우시며 가정에 보탬이 되게 하셨다. 지금도 까만 새끼 열두 마리가 오글거리는 모습이 눈에 아른거린다. (…중략…) 먹을거리가 귀하던 시절 콩나물은 김치 다음으로 좋은 반찬이었고, 단백질을 섭취하는 지름길이

었다.

—〈콩나물과 어머니〉에서

사람마다 자기가 좋아하는 것, 취향에 맞고 마음에 드는 물건이 있다. 그 물건이 낡으면 수리하고 복구하여 쓰는 재활용은, 검소하고 알뜰함에서 비롯되는 것이다. 특히 양말 구멍을 때우는 일은 어릴 때 많이 해본 일이다. 떨어진 곳에 백열전구를 넣어서 한 땀 한 땀 기워서 신을 때도 있다. 기운 자국은 오랜 옛날 지지리도 못살 때의 온갖 애환과 추억이 서려 있고, 희열도 설렘도 있어 좋다

—〈청덧버선〉에서

나의 어머니는 세심하고 물건을 아끼시는 분이다. 조그만 빈병 하나도 버리지 않고 모아 두고 다시 쓰는 분이셨다. 여름에는 러닝셔츠를 오래 입어 닳아서 구멍이 난 것을 자주 입으셨고, 예쁜 러닝셔츠를 사드려도 입지 않고 아끼셨다. 러닝셔츠는 면으로 되어 있기 때문에 끝까지 활용한다. 해어지면 마지막으로 행주나 걸레로 변해서 끝까지 사람에게 도움을 주고 사라지는 눈물겨운 하얀 천사의 속옷이다.

—〈청덧버선〉에서

노동 속에 모든 애환을 달래고 호롱불 밑에서 옷을 지어 입었다. 떨어지면 기워 입으며 절약하던 위대한 어머니의 지친 모습이 가슴 아프게 떠오른다. 덧버선의 기운 자리는 흘러간 세월의 자국이고 아름다웠던 추억의 표상이다.

지금도 누덕누덕 기운 청덧버선을 신고 빙그레 웃으며 글을 쓴다.

—〈청덧버선〉에서

4. 깨달음과 삶의 교훈 그리고 표현과 묘사

사실상 수필은 삶의 작은 깨달음에서 빛나게 된다. 이러한 과정이 전혀 생략된 글을 우리는 신변잡기라고 부르는 것이다. 수필에 늘 신변잡기라는 꼬리가 붙게 되는 것은 이와 같은 글의 등식 때문임은 두말할 나위도 없는 일이다.

우리는 화자의 수필에서 이와 같은 사항을 몇 개 항으로 나누어 열거해 볼 수 있다.

1) 깨달음

마음을 비우고 욕심 없이 살기를 바란다. 엄마는 욕심에 얽매어 많은 사람들을 피곤하게 하며 살아온 것 같구나. 마음을 비우고 세상을 넓게 보면 오히려 가치 있는 일들이 얼마나 많은가를 깨닫게 될 것이다.

—〈사랑하는 딸 경심이에게〉에서

2) 삶의 교훈

사실상 수필이란 결국 삶에 대한 교훈을 주는 것임은 두말할 나위도 없다. 문학의 기능에서 교훈과 재미를 들고 있으니 더 설명이 필요없다 하겠다. 그럼에도 불구하고 여기서 굳이 이 항목을 두어 독자들과 같이 그 의미를 음미해보자 한 것은 비평자의 남다른 배려였음은 두말할 나위도 없는 일이다.

[1] 감자 고구마도 씻을 때 서로 부딪쳐야 흙이 떨어지고 깨끗이 씻긴다. 떼를 지어 가는 물고기도 질서와 양보로 제 갈 길을 헤엄쳐 간다. —〈콩나물과 어머니〉에서

[2] 죽기를 각오한 열정이 있으면 기회는 찾아오기 마련이다. —〈여름 축제의 주인공들〉에서

[3] 바늘과 실은 조각난 사물을 잇는 결합의 이미지를 지니고 있고, 자수刺繡는 고통을 인내하는 과정에서 오는 승화昇華의 미를 상징한다. —〈청덧버선〉에서

3) 표현 및 묘사의 참신성

위 사항들은 결국 수필의 문학성을 기하기 위한 일종의 수사적 의미를 지니고 있는 것이라 하겠다.

[1] 나는 잠들어 있는 잠재력의 보고를 꽃피우고 싶은 욕망이 강렬했다. —〈주은이와 나의 꿈〉에서

[2] 가을은 청명하여 파란 구슬이 돌돌 굴러가는 것 같구나. —〈나에게 들려주는 노래 한 가락〉에서

[3] 몸에서도 새싹이 돋아나 더 젊어지는 것 같다.

[4] 노래를 부르며 제 모습을 꽃피운다.

—〈꽃들의 대화〉에서

5. 마무리

이상으로 장님 코끼리 더듬는 격이 되었지만, 이것으로 일단 화자의 수필집 평설을 마무리한다. 제목이나 서두에서 이미 그 뜻을 살핀 바 있지만, 부언하자면 화자의 수필을 한마디로 정의해서 서정적이면서도 그 행간에 지성적 번득임을 읽을 수 있었다. 대단히 지성적이고 재주가 많은 작가가 아닌가 하는 것을 새삼 확인할 수 있었다.

앞으로 제2, 제3집 등 수필집이 간행될 때마다 더 높은 수준의 작품들을 독자들에게 선보이게 될 것을 기대하면서, 한국 수필에 적잖은 기여를 한 작품들이 많은 독자들에게 읽혔으면 하는 바람을 가져 보면서, 이만 붓을 놓는다.

제5장
삶을 노래하다
시

플라타너스

푸르름이 한들거린다

인고의 연륜이 굵은,
플라타너스 끝머리에서
터져 나오는
새 생명의 함성,

함성에 놀란 햇빛
넓적한 잎들을 비집고
나에게로 쏟아진다

세상 한 바퀴 휘돌고도
한참을 지난 이 나이에
나는 그 경이로움에 젖어든다

이때

불현듯 달려온

파란 하늘이

내 손을 잡고

아름다운 청춘의 꽃밭으로

날아오른다

지는 홍매화

수줍은 너의 입술
타는 부끄러움

햇빛에 눈부시고
세찬 바람에 지친 눈빛

힘내어라
속삭이듯 외친다

눈빛 속에
바람이 익는다

우리 집 꽃밭

오순도순 속삭이는 우리 집 꽃밭
누워서 나팔 부는 개발난 아가씨들
제라늄 시클라멘도 질세라
몽글몽글 잘도 웃는다.

사랑초는 사랑을 많이 해서
얻은 이름인가?
자주색 우단 나풀거리는
나비 같아라.
저녁에는 수줍어 고개 숙이고
아침에는 이슬 따 먹으려
고개 드느냐?

깔때기 닮은 게발란
산소까지 내뿜는다.

분홍꽃 꽃대가 길어
내가 더 크지,
붉은 꽃은 내가 더 예쁘지

친구와 정 나누며
가끔 질투도 한다.

꽃잎 다섯 장 끝이 돌돌 말려
깜찍한 귀염둥이 연보라 사랑꽃

제 색깔대로 사는 거야
우리 집 꽃밭 가족 되어
벼락이라도 기꺼이 안고
서로 오순도순 살아간다.

우리 집 소품 가족

거실 곳곳
올망졸망 모였네

슬그머니 끼어들며
반기는 개선행진곡

창가의 화초들도 분장하고
덩달아 목청 뽑는 코러스

나도 나도 외치며 달려 나온
숫총각
배꼽 잡는 시늉을 하네

기차게 노는 몸짓에
박수치며 웃어 젖히는
양떼 다섯 가족과 종달새 부부

신이 난
우리 집 거실
잔치판이 열렸네

눈부신 햇살도
빤짝빤짝
꿈을 삼키네

억새풀

억새풀이
손짓하며 부른다.

밝은 해가 솟는 아침도
저녁노을이 물들 때도
눈부시게 아름다운 황금빛
손짓한다.

낭창낭창 춤추는
억새풀
품위 있는 사람 되라고
말을 건넨다.

늘 침묵하라고
외롭다 해도
폭우에도 지지 말자고

싱긋 웃는

그 눈빛

나는 기운이 난다

나는 구름도 씹는다

수양 매화

청매화 가지마다
고개 떨구네

얽히고설킨 몸
부둥켜안고

한 맺힌 사연
주렁주렁

하얀 송이송이
서로 얽힐 듯 말 듯
서서
웃고 있네

청초한 꽃
내 짝
꽃 피는 소리.

봄이 부른다

노인정 앞뜰
매화나무 다섯 그루

거칠고 어두운 수피는
코발트 하늘을 찌른다.

가지마다 몽글몽글
청초한 꽃 구슬
한 말 꿰어
봄을 부른다.

톡톡 터질 것만 같은
우리 엄마 유두
아가는 행복에 겨워
헤헤 깔깔

필 듯 말듯 작은 봉오리
추위에 파르르 덧니를 떤다.

봄 비

끝없이 내린다
주룩주룩

그러다 문득
옥구슬 구르는 소리를 내며 내 가슴 깊이
굴러든다

세상은 하나가 되고
은은한 향기가 그윽하다

다시금
요동치는 내면의 새로운 생명

그래
훨훨 털자
색깔 짙은 여생을 위해

찬찬히 노래하며 내리는
봄비처럼
눈물을 헤아리자

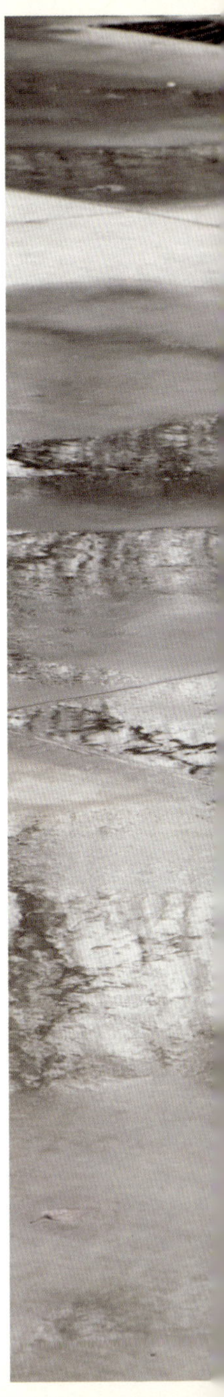

귀먹은 고향

산 넘고 고개 넘어
나룻배에 실려 닿는 아늑한 곳

땅콩대 서리하여
구워 먹던 곳

굴뚝마다 자욱하게 피어난 연기
무쇠솥 달구며
도란도란 대던 곳

뒷동산엔 진달래 붉고
버들피리 불며 뛰놀던 곳

미꾸라지 잡느라 흙탕물 치고
강가 은모래 빛 찰랑이던 곳

겨울이면 따뜻한 흙 담벼락 햇볕 속에서
풀각시 치렁치렁 머리채 땋고
사금파리 다듬어 흙 떡 담고
너는 신랑, 나는 각시
신접살림 차리며 깔깔대던 곳

보리깜부기 훑어 먹고
입 언저리 까맣게 먹칠하던 곳

하얀 머리카락 사이마다
동화책 한 질씩 꽂혀 있는 곳

가까운 듯 먼 그리움
아리는 곳

친구야, 모여 놀자! 외쳐 봐도
맨발로 서서 우는 귀먹은 고향.

홍 도

갈매기만 사는 외로운 섬

낭만만 먹고사는 갈매기 섬

거친 파도조차 어쩌지 못하네

나는

한 폭 그림이 되어

붓을 물고 누웠네.

편 지

간혹
네가 그리워지면
나는 순간 물결이 된다.

잘 있느냐?

괜히 내가
출렁거린다

의 자

'너와 나의 차 한 잔'
오랜 햇볕에 터버린 저 의자와 탁자처럼,

겹겹이 주름 깊은 세월들
툭 털고 일어나자

문득 참꽃 한 송이 볼그레 웃는다

그 은은한 모습에 지레 미안해
상기된 내 양 볼

종이컵

거센 바람에
출렁거리는
나

파도는 잔잔하다
산호도 보이고 진주도 보이고
은빛 고기떼도 보인다

그 속에는 나눔이 있고
포용이 있고 사랑이 있다.
엉클어진 실타래가 풀리는
용서가 있다

삶의 윤활유 차 두 잔

선회하고 다시
돌아오는
내 인생

우리 집 아침 잔치

철컥철컥 박자 치며
걸어오는
아침 햇살

베란다에 옹기종기 모여
잠언을 외던
화초들
까르르 웃으며 일어선다

움칫 놀란 내가 써 걸어 놓은
족자들
벌떡 일어났다 털썩 주저앉는다

이 광경이 하도 우스워 웃음보따리 다발다발을
참지 못해 터뜨리는,
내 눈빛이 담뿍 서린 소품과 인형들

배꼽 잡고 한참을
뒹군다

바라보는 눈시울에
물결치며 흐르는
잔잔한 미소

열 정

무성한 잎 속에서
뾰족이 숨어 있는
작은 봉오리들
웃는 모습
경이롭다

한 송이 탐스러운 장미
지천으로 앞다투어 피고
울타리를 덮고 있는

장하고 위대한 손길
온 세상 등불 되어
돌돌 돌아간다

한 송이 꺾어다
유리컵에 꽂아본다

너의 눈빛

나의 미소

서로의 마음이 꿈처럼 녹는다.

생강차를 마시며

콧물이 줄줄
재채기가 끊이지 않는다.

아픈 어깨가 욱신거린다.
노령이 또 삐꺽삐꺽
소리를 낸다

애물단지 다리라고 했더니,

세월이 나를
편히 두지 않는다.

삐꺽거리는 소리 더 크게 들린다.

내가 끓인 생강차의
특유한 향,
무상無常이
혀를 물고
뼈에 사무친다.

산골 축제

밤길 헤치고 찾아온 사람들
산골 축제는 무르익고
불빛에 반짝이며 비행하는 벌레들

돗자리에 앉아 포도알 굴리며
색소폰 소리, 톱연주 소리
산야를 깨운다

적석산 하늘은 깊어만 가고
연못가 잔디밭에선
윤동주 시로 별밭을 헤어본다

평상 위에 모기향 피우며
옛이야기 들려주던 할머니가 생각나
밤이슬에 내 영혼까지 촉촉이 젖는다.

봄 바다

고요한 노랫소리 들리는 바다
짠 내음 물씬 나를 감싸고

피는 봄꽃
나를 엄습하는 향기가 그윽하다

새롭게 열리는 나의 눈빛

창공처럼 익는다

목련이 피려 한다

볼록볼록 생명의 소리.
매화가 톡톡 터지고
산수유도 파르르 떨고 있다.

뒤뜰 작은 갈색 고추
북향 하늘 찌르더니
어느새 새하얀 유액이
뿜어 흐르고
하얀 천사 툭툭 튀어나와
날갯짓
상상한다.

어제 종일 똑딱똑딱
빗소리 들리더니
오늘은 이렇게 청명하구나.

얼른 뒤뜰에 나가
하얀 꽃봉오리 입 맞추고
목련 잡고 한 컷.

'목련아 용기를 내'
늦은 개화 흉이 아니야
둘러가는 양보의 미덕도
훌륭함의 행위란다.
청순하고 고귀한 꽃, 목련이여
젖은 꿈 되어라.

강가에서

어릴 적 뽑아 달작한
맛을 보며
잠시 허기도 잊던
삘기
그리운 추억처럼
오늘 문득
뽑아 물고
폴짝거리며 한참을
둑을 타고
뛸 듯 걸어본다
이젠 흔적 없는
뱃사공 흥얼거리며 노 저어
소리 없이
강을 건넌다
이 강물의 굽이보다
몇 굽이 더

굽이져 온 나
쉬고 있는 나룻배 머리채를
슬쩍
건드려 본다
곤히 자던 그
움찔 놀라
몸을 뒤척인다
이승을 뒤척인다

하늘 도화지

하늘 높이 펼쳐놓은
도화지엔
보송보송한 어린 양떼
평화롭게 논다

온 누리 가득 메운 하얀 천사 떼
머리 위에 소복소복 내려앉은
눈사람의 웃음소리

이때 문득
밀려드는 누나의 슬픈 사연 같은
회색빛
무늬

아롱아롱 아리는
엄마의 한숨 섞인
이슬방울들
그 사이로
두둥실 띄워 놓은
오색 풍선

어느새
발갛게 달아 오른
내 양볼
꿈이 시를 외우고 있다

감 꽃

이른 아침
눈 뜨면
빛나는
보석

작은 보시기, 꼬마 삿갓 닮은
별꽃 친구

목에 걸면
문득
목걸이 되고
손가락에 끼면
은근슬쩍
반지 되는
요지경의 꽃
너는 곶감처럼 달구나.

아리는 섬, 거제도

애틋한 사연들을 한 점, 한 점
녹이면서
자연과 벗하며
오로지 깊은 기도로 살던
임아

오늘
잊히지 않는 그 여울을
엉성엉성 엮어보는 어설픈 시인

당신은
오늘도 아려드는 토박이 시인.

가을에

애절하다
절절이 엮어내는
귀뚜라미의 아픈 울음소리

도심 한가운데의
빌딩 숲 같은 내 영혼 깊숙이
날아와 꽂힌다

심심한지
겨우 잠재워 놓은
내 마음 어느 여울에서
소리 없는 물장구로
출렁출렁
물결을 일으킨다

이때에
나를 바라보던 달님
그냥 싱긋
웃는다

살아온 날이 얼만데 하며
겸연쩍어 나도 씩
주름을 잡고 웃어본다

시평

꿈의 이랑, 그 향일성向日性 시학

하길남
시인 · 문학평론가 · 경남대학교 교수

1. 머리말

요즘 시들은 난해해서 무슨 이야기인지 알 수가 없다는 이야기를 많이 듣고 있다. 어느 시인은 '예술작품은 아무 의미도 없다. 다만 존재할 뿐' 이라고 말하고 있다. '꽃이 개가 되는 세월 속에서도/ 개가 다시 꽃이 되는 상쾌한 순간을 만났었어.' 라는 시를 읽고 사실상 그 정확한 뜻을 시인인 나 자신도 잘 알 수가 없었다.

물론 시대를 풍자한 시라는 것만은 알 수가 있었지만, 그

상쾌하다는 뜻이 마음에 걸렸다. 한때 정귀영 시인이나, 소한진 시인으로 대변되는 초현실주의 시, 그 자동기술법을 보면서 과연 시가 해석될 수 있는 문학장르인가 하는 것을 의심할 수밖에 없었던 것이 사실이었다.

그래서 '자가가 쓴 시를 자신이 모른다.' 는 말까지 등장하지 않았나 싶다.

한때 '무의미 시' 를 주장했던 김춘수 시인도 결국 많은 실험 끝에 의미의 세계로 돌아왔으니 말이다.

시는 하나의 상징이요, 장치인 까닭에 어차피 난해할 수밖에 없는 것이라는 이야기도 있는 것을 보면, 시를 정확히 해석한다는 것은 매우 어려운 일이라 하겠다. 사실 필자 자신도 시를 쓰면서 어느 때는 자신조차 알 수 없는 한 줄, 시어가 문득 머릿속을 스쳐가는 것을 느끼게 되는 것이다. 그래서 시에 있어 최초의 한 줄은 신이 준다고 하지 않았나 싶다.

그러나 시도 문학인 이상, 해석되어야 의미가 있는 것이다. 해석되지 않는 어떤 글도 결국 글로서 특히 문학으로서의 소임을 다할 수 없기 때문이다. 좋은 시란 결국 읽히면서 깊은 뜻을 전해주는, 읽는 재미를 느끼게 하는 문예물이 되어야 한다는 것은 두말할 나위도 없는 일이라 하겠다.

2. 향일성 시학

화자의 시를 한 마디로 정의하자면, 생명의 약동, 그 향일성 시학이라고 할 수 있을 것이다. 우선 화자의 시 가운데 〈플라타너스〉라는 시를 분석해 보자.

> 푸르름이 한들거린다
>
> 인고의 연륜이 굵은
> 플라타너스 끝머리에서
> 터져 나오는
> 새 생명의 함성,
>
> 함성에 놀란 햇빛
> 넓직한 잎들을 비집고
> 나에게로 쏟아진다
>
> 세상 한 바퀴 휘돌고도
> 한참을 지난 이 나이에
> 나는 그 경이로움에 젖어든다

이때

불현듯 달려온

파란 하늘이

내 손을 잡고

아름다운 청춘의 풀밭으로

날아오른다

—〈플라타너스〉 전문

우선 이 시에서, 나타나는 이미지를 살펴보면, (1) 생명의 함성, (2) 함성에 놀란 햇빛 (3) 경이로움에 젖어든다. (4) 파란 하늘 (5) 내 손을 잡고 (6) 아름다운 청춘의 풀밭으로 (7) 날아오른다. 등이다. 이 말들을 한 마디로 요약한다면 결국 '하늘과 햇빛, 찬란한 청춘의 꽃밭으로 날아오른다.' 는 상승上昇의 이미지로 엮여 있다는 것을 알게 된다.

상승 이미지의 반대말은 하강下降 이미지로 결과적으로 죽음의 이미지가 되는 것이다. 이렇게 화자의 시들은 거의 모두가 약동하는 희망의 이미지로 가득차 있다. 힘의 상승, 약동하는 힘의 함성들은 어디서 오는 것일까. 그것은 화자의 삶의 향기 그 정신에서 풍기는 것임은 말할 나위도 없는 일이다. 이러한 삶의 역동적 이미지는 시 〈지는 홍매화〉에서도 보게 된다.

수줍은 너의 입술
타는 부끄러움

햇빛에 눈부시고
세찬 바람에 지친 눈빛

힘내어라
속삭이듯 외친다

눈빛 속에
바람이 익는다

—〈지는 홍매화〉에서

이 시에서도 '햇빛' '눈부시고' '힘내어라' '외친다' 등이 역동적 이미지임을 알게 된다.

물론 '수줍은', '부끄러움', '지친 눈빛' 등이 하강적 이미지로 보이겠으나, 그런 이미지들을 향해 '힘내어라.' 라고 일갈하고 있는 것이 아닌가. 말하자면 하강 이미지를 상승 이미지로 부추기고 있는 것을 보게 된다. 이러한 힘의 율동은 화자가 타고난 기질이라고 해도 좋을 것이다.

역시 화자는 몸집은 작은 편이었으나, 여러 가지 운동을 즐겼을 뿐 아니라, 그중 몇몇 종목은 선수로 뛰었다는 것으로 보아 충분히 예상해 볼 수 있는 일이라 하겠다. 이러한 열성적 삶은 일상에서 확인되고 있는 것이다. 하루의 시간을 쪼개어 여러 가지 강좌 등에 참여하고 있는 것으로 증명된다 하겠다. 말하자면 열성파 인생역정을 걷고 있는 셈이다. 역시 꽃밭이라는 시에서도, 이러한 상승적 이미지는 이어지고 있는 것을 확인하게 된다.

3. 가족, 그 사향思鄉의 정

결국 시, 그 정서의 근원지는 가정과 고향이 아닐까 싶다. 가족의 정, 시정은 결국 그 속에서 자라는 것이다. 어머니는 바로 고향의 토양이 되기 때문이다. 고향의 꿈, 그것이 바로 삶의 유산이 된다.

우리들의 사랑도 그곳에서 자라게 되는 것이다. 고향에서 부모의 사랑을 받아보지 못하고 자란 방랑인들이 쉽게 범죄의 늪에 빠져드는 것이 우연이 아니듯이 말이다.

오순도순 속삭이는 우리 집 꽃밭
누워서 나팔 부는 개발난 아가씨들
제라늄 시클라멘도 질세라
몽글몽글 잘도 웃는다.

사랑초는 사랑을 많이 해서
얻은 이름인가.
자주색 우단 나풀거리는
나비 같아라.
(…중략…)
분홍꽃 꽃대가 길어
내가 더 크지
붉은 꽃은 내가 더 예쁘지
(…중략…)
제 색깔대로 사는 거야
우리 집 꽃밭 가족 되어
서로 오순도순 살아간다

—〈우리 집 꽃밭〉에서

오순도순 속삭이고, 누워서 나팔 불고, 몽글몽글 잘도 웃고, 사랑을 많이 해서 얻은 이름, 나플거리고, 나비 같고, 더 크지, 더 예쁘지, 정 나누고, 오순도순 살아간다는 이야기는 얼마나 정답고 아름다운가. 이 시에서는 부정적인 어휘가 하나도 없다. 즐겁고 신나고 덩실덩실 어깨춤이라도 추고 싶은 흥이 저절로 나는 시가 아닌가.

사실상 고향은 그런 곳이 아닌가. 그래서 꽃밭가족인 것이다. 고향은 바로 사랑의 원천이요, 창조적 울타리인 셈이다. 내가 태어난 곳이 바로 섭리의 장이요, 우주의 중심이 되는 것이다. 꿈이 영그는 샘터, 마음의 한 자락인 것이다. 그래서 우리가 부르는 노래들도 고향을 그리는 사향의 정이 대부분을 차지하게 되는 것을 보게 된다.

산 넘고 고개 넘어
나룻배에 실려 닿는 아늑한 곳

땅콩대 서리하여
구워 먹던 곳.

굴뚝마다 자욱하게 피어난 연기

무쇠솥 달구며
도란도란 대던 곳

뒷동산엔 진달래 붉고
버들피리 불며 뛰놀던 곳

미꾸라지 잡느라 흙탕물 치고
강가 은모래빛 찰랑이던 곳

겨울이면 따뜻한 흙 담벼락 햇볕 속에서
풀각시 치렁치렁 머리채 땋고
사금파리 다듬어 흙떡 담고
너는 신랑, 나는 각시
신접살림 차리며 깔깔대던 곳

보리깜부기 훑어 먹고
입 언저리 까맣게 먹칠하던 곳

하얀 머리카락 사이마다
동화책 한 질씩 꽂혀 있는 곳

가까운 듯 먼 그리움
아리는 곳

친구야, 모여 놀자! 외쳐 봐도
맨발로 서서 우는 귀먹은 고향.

—〈귀먹은 고향〉 전문

눈을 감고 흥얼거리고 싶은 마음의 흥취를 그대로 적은 것 같은 소박한 시다. 이 시를 읽다보면 왜 시가 어려워야 하는가 하는 의문조차 드는 것이 아닌가. 사실상 오늘날은 절대적인 어떤 규범이라는 것이 존재하는 시대가 아니라는 말도 있듯이 모두가 스스로 절실하면, 그것으로 만족한 자기 형식의 시가 되는 것이 아니겠는가.

이른바 영원한 자기 나름의 목소리, 차라리 한 편의 잔잔한 흥취, 그 율동이 되었으면 하는 것이 아닌가. 그래서 일종의 노래시라 해도 좋을 것이다. 한 편의 자장가처럼 말이다.

4. 고전파 시편

말할 것도 없이 고전파 시는 새로운 시대의 실험성보다는 고전적 시법에 중점을 둔다. 앞에서 우리가 언급한 바와 같이 이른바 존재하는 시가 아니라, 읽히는 시가 되어야 하겠다. 역시 이런 시는 시의 난해성 극복을 위한 소찬素饌이라 해도 좋을 것이다. 읽는 재미는 이와 같은 시에서 느끼게 되기 때문이다.

갈매기만 사는 외로운 섬

낭만만 먹고사는 갈매기 섬

거친 파도조차 어쩌지 못하네

나는

한 폭 그림이 되어

붓을 물고 누웠네

—〈홍도〉에서

간혹

네가 그리워지면

나는 순간 물결이 된다.

잘 있느냐?

괜히 내가

출렁거린다

—〈편지〉에서

고요한 노랫소리 들리는 바다

짠 내음 물씬 나를 감싸고

피는 봄꽃

나를 엄습하는 향기가 그윽하다

새롭게 열리는 나의 눈빛

창공처럼 익는다

—〈봄 바다〉 전문

이른 아침
눈 뜨면
빛나는
보석

작은 보시기, 꼬마 삿갓 닮은
별꽃 친구

목에 걸면
문득
목걸이 되고
손까락에 끼면
은근슬쩍
반지 되는
요지경의 꽃
너는 곶감처럼 달구나

—〈감꽃〉 전문

내가 끓인 생강차의
특유한 향,

무상無常이

혀를 물고

뼈에 사무친다.

—〈생강차를 마시며〉에서

5. 마무리

앞에서 우리는 화자의 시에 대해 몇 개 항으로 나누어 살펴봤다. 그동안 시는 고전주의, 낭만주의, 자연주의, 상징주의, 표현주의, 모더니즘, 실존주의 등 시대의 흐름에 따라 변모해 왔다. 오늘날은 난해한 시들이 득세를 하고 있는 셈이다. 우스갯소리로 들릴는지 모르지만, 자기 자신조차 모르는 시를 쓰고 있는 경우도 없지 않다고 빈정대는 사람조차 없지 않는 실정이다.

그런 의미에서 볼 때 화자의 시야말로 얼마나 정직한가 하는 것을 새삼 느끼게 된다. 누구나 읽고 공감하면서 시적 정취에 젖어 볼 수 있는 같이 읊어보고 싶은 시, 정다운 시를 많이 써주시를 기대해 본다.

아직은 좀 설익어 가슴에 깊이 닿지 않는 시들도 없지 않지만 앞으로 시력을 거듭할수록 더 좋은 시를 선보이게 될 것을 믿으면서, 이만 끝을 맺는다.

지은이 차선옥車先玉

필명 승은. 경남 합천 출생. 진주교육대학, 방송통신대학, 경남대학교 대학원 교육행정학과 졸업(석사). 마산문학관 창작교실(5년), 경남대학교 평생교육원 수필창작 전문반 수료. 2012년 《한국수필》 신인상 등단. 한국수필가협회, 붓꽃 문학회 회원. 초등학교 교사 퇴임. 문교부장관 표창, 옥조근정훈장

자욱마다 새겨진 꽃잎들

차선옥 문집

펴낸날 | 2013년 10월 17일

지은이 | 차 선 옥
펴낸이 | 오 하 룡

펴낸곳 | 도서출판 경남
주　소 | 창원시 마산합포구 몽고정길 2-1
연락처 | (055)245-8818~9/223-4343(f)
홈페이지 | www.gnbook.com
전자메일 | gnbook@empas.com
출판등록 | 제567-1호(1985. 5. 6.)
편집팀 | 오태민 | 심경애 | 구도희

ISBN 978-89-7675-865-1-03810

*잘못된 책은 바꿔 드립니다.
*저자와 협의 인지 생략합니다.

〔값 15,000원〕